吉林财经大学资助出版图书

FTA的贸易效应及其对推进全球经济的启示
——以中韩FTA为例

孔相宜　著

吉林大学出版社

·长春·

图书在版编目（CIP）数据

FTA的贸易效应及其对推进全球经济的启示：以中韩FTA为例 / 孔相宜著. -- 长春：吉林大学出版社，2021.9
　ISBN 978-7-5692-8497-3

　Ⅰ.①F… Ⅱ.①孔… Ⅲ.①自由贸易—贸易协定—研究—中国、韩国 Ⅳ.①F752.4②F757.128.312.6

中国版本图书馆CIP数据核字(2021)第125774号

书　　名：FTA的贸易效应及其对推进全球经济的启示——以中韩FTA为例
　　　　　FTA DE MAOYI XIAOYING JI QI DUI TUIJIN QUANQIU JINGJI DE QISHI——YI ZHONG-HAN FTA WEI LI

作　　者：孔相宜　著
策划编辑：黄国彬
责任编辑：宋睿文
责任校对：柳　燕
装帧设计：刘　丹
出版发行：吉林大学出版社
社　　址：长春市人民大街4059号
邮政编码：130021
发行电话：0431-89580028/29/21
网　　址：http://www.jlup.com.cn
电子邮箱：jdcbs@jlu.edu.cn
印　　刷：天津和萱印刷有限公司
开　　本：787mm×1092mm　1/16
印　　张：10.5
字　　数：160千字
版　　次：2021年9月　第1版
印　　次：2021年9月　第1次
书　　号：ISBN 978-7-5692-8497-3
定　　价：58.00元

版权所有　翻印必究

前　言

自20世纪60年代以来,随着各国经济交往的日益紧密,各国为促进彼此之间贸易的扩大,不同国家(地区)之间签订了以降低关税、非关税壁垒从而降低贸易成本、促进双边和多边贸易为目标的自由贸易协定(Free Trade Agreement,FTA)。进入21世纪后,随着以生产分割为主要特征的全球价值链的形成以及部分发达国家和地区对于WTO现有的谈判成果的不满,各国更是在WTO的基础上,通过建立双边或是多边的FTA来加强与本国(地区)、与主要贸易伙伴国家(地区)之间经贸联系。东亚地区各国所建立的经济合作相对迟缓,虽然一些国家签署了经贸合作协议,但是并没有建立任何有效的多边合作机制。中韩自由贸易区的研究自2004年两国首脑展开对双边谈判以来,在12年中,中韩两国共经历了14轮的双边谈判,最终于2015年12月20日,《中韩自贸协定》(以下简称中韩FTA)正式生效,于2016年1月1日起正式实施。

中韩FTA的签署,首先,必然会对中韩两国双边贸易产生影响,其次,目前所签署的中韩FTA在未来必然面临着进一步的深化问题,最后,中韩FTA必然也会对目前正在谈判的"中日韩自由贸易协定"(以下简称中日韩FTA)产生示范作用,甚至可能促进中日韩FTA、中国和东盟(10+1)之间的区域全面经济伙伴关系协定,以及未来可能进行的中日韩和东盟(10+3)自由贸易协定等一系列中国正在进行谈判或即将进行谈判的自由贸易协定的进程。那么,出现了随之而来的几个问题:中韩双边自由贸易协定有哪些新的特点,中韩双边自由贸易协定会对中韩两国双边贸易产生哪些影响,未来中韩FTA会如何进一步深化,中韩FTA会对正在谈判的中日韩FTA产生什么样的影响。这些问题,均与中韩FTA密切相关,需要从理论方面进行探讨。

基于上述分析,本书将中韩FTA的贸易效应作为研究他国与中国签署的自由贸易协定相关的问题的切入点,首先对中韩FTA的贸易这一问题进行具体分析;在此基础上,对中韩FTA的未来发展和中韩FTA对中日韩FTA可能产生的影响进行分析。

本书主要包括以下几部分内容。

第一章,相关文献综述。主要对与中韩FTA相关文献进行简要述评。

第二章,中韩贸易发展现状研究,主要在货物贸易和服务贸易两个层面,从中韩双边贸易商品结构、中韩双边贸易强度指数、中韩双边贸易竞争力和中韩双边贸易模式分析等方面,分析中韩双边贸易的变化和双边贸易是否存在互补性进行分析。

第三章,中韩FTA的发展历程和主要内容,主要是对中韩FTA的发展历程、主要内容和现实意义进行分析。

第四章,中韩FTA的相关理论分析,主要对国际贸易领域涉及FTA的相关理论进行分析,为接下来的中韩FTA对中韩双边贸易影响的实证研究提供理论支撑。

第五章,中韩FTA对中韩双边贸易影响的实证研究,在首先提出相关理论假说的情况下,主要采用贸易引力模型、双重差分模型(DID)和Balassa模型,实证研究中韩FTA对中韩双边贸易的影响。

第六章,中韩FTA的未来发展完善政策建议及对构建中日韩FTA的启示。本章主要分为两个部分,第一节为中韩FTA未来发展完善对策,主要基于当前国际上所签署的FTA和中韩FTA的主要内容,对未来如何进一步完善中韩FTA提出政策建议;第二节为中韩FTA对中日韩FTA的启示,主要基于中韩FTA的谈判过程和主要内容,对未来进一步加快中日韩FTA的谈判步伐提出可行的政策建议。

作　者

2021年9月1日

目 录

引 言 ·· 1
  一、研究背景 ··· 1
  二、研究意义 ··· 2
  三、相关概念界定 ·· 3
  四、研究目标与研究内容 ·· 3
  五、分析方法 ··· 4
  六、技术路线 ··· 5
  七、主要研究结论 ·· 6
  八、主要创新 ··· 7
  九、未来研究方向 ·· 8

第一章 相关文献综述 ··· 10
  第一节 FTA贸易效应的相关文献综述 ································ 10
    一、国外学者的理论和实证研究 ······································· 10
    二、国内学者的研究 ·· 14
  第二节 中韩贸易的相关文献综述 ······································· 15
    一、中韩贸易结构和竞争力研究 ······································· 16
    二、中韩贸易政策研究 ··· 17
    三、中韩产业内贸易研究 ·· 17
  第三节 中韩FTA贸易效应的相关研究 ································ 19
    一、中韩FTA签订前的相关研究 ······································ 19
    二、中韩FTA实施后对相关条款的研究 ···························· 21
  第四节 本章小结 ··· 22

第二章 中韩贸易发展现状研究 ……………………………………… 25
第一节 中韩双边贸易商品结构分析 …………………………… 25
一、中韩双边货物贸易商品结构分析 ………………………… 26
二、中韩服务贸易商品结构分析 ……………………………… 32
三、小结 ………………………………………………………… 37
第二节 中韩双边贸易强度指数分析 …………………………… 38
一、中韩贸易强度的测算指标和数据来源 …………………… 38
二、计算结果及分析 …………………………………………… 39
第三节 中韩双边贸易竞争力分析 ……………………………… 42
一、中韩贸易竞争力的测算方法和数据来源 ………………… 42
二、中韩货物贸易竞争力分析 ………………………………… 43
三、中韩服务贸易竞争力分析 ………………………………… 48
四、小结 ………………………………………………………… 50
第四节 中韩双边贸易模式分析 ………………………………… 51
一、相关指标选取和数据来源 ………………………………… 52
二、中韩货物贸易模式分析 …………………………………… 53
三、中韩服务贸易模式分析 …………………………………… 60
第五节 本章小结 ………………………………………………… 63

第三章 中韩FTA的历程和主要内容 …………………………… 66
第一节 中韩FTA谈判历程回顾 ………………………………… 66
一、中韩FTA的历史背景 ……………………………………… 66
二、中韩双边FTA签订历程回顾 ……………………………… 67
第二节 中韩FTA的主要内容 …………………………………… 72
一、中韩FTA关于货物贸易的主要内容分析 ………………… 73
二、中韩FTA关于服务贸易的主要内容 ……………………… 78
三、中韩FTA关于投资的主要内容 …………………………… 86
四、中韩FTA关于"21世纪经贸议题"的主要内容 …………… 87
第三节 中韩FTA的意义 ………………………………………… 91
第四节 本章小结 ………………………………………………… 92

第四章　FTA 贸易效应的理论分析 ·············· 95
第一节　基于关税同盟理论的贸易效应的理论分析 ·········· 95
一、关税同盟理论简介 ························· 96
二、关税同盟的静态贸易效应 ····················· 96
三、关税同盟的动态贸易效应 ····················· 98
四、关税同盟的静态贸易效应和动态贸易效应的比较 ········ 100
第二节　基于其他 FTA 理论的贸易效应的理论分析 ········· 101
一、大市场理论 ···························· 101
二、协议性国际分工理论 ······················· 102
三、贸易自由化相关理论 ······················· 103
第三节　全球价值链背景下新型 FTA 贸易效应的影响机制 ····· 107
一、存在中间品贸易时 FTA 对双边贸易影响的理论机制 ······ 107
二、存在服务成本时 FTA 对双边贸易影响的理论机制 ······· 108
第四节　本章小结 ··························· 109

第五章　中韩 FTA 贸易效应的实证研究 ············ 112
第一节　双边自由贸易协定对中国对外贸易影响的实证研究 ······· 112
一、贸易引力模型简介 ························ 113
二、模型、变量、数据和方法 ···················· 113
三、计量结果及分析 ························· 117
四、稳健性检验 ··························· 118
五、分组回归结果 ·························· 119
第二节　中韩双边自由贸易协定对中韩双边贸易影响的实证研究
·································· 121
一、中韩 FTA 对中韩双边贸易影响的理论机制和理论假说 ···· 121
二、模型、变量和数据 ························ 123
三、计量结果及分析 ························· 126
第三节　基于 Balassa 法的中韩 FTA 贸易效应的实证研究 ······ 132
一、理论假说 ···························· 133
二、计量模型的设定和数据来源 ··················· 134
三、计量结果及分析 ························· 136

第四节 本章主要结论和政策启示 …………………………… 139

第六章 中韩 FTA 发展完善的政策建议及对中日韩 FTA 路径的启示 …………………………………………………………… 141

第一节 中韩 FTA 未来发展完善和中国的政策建议 …………… 141
 一、货物贸易议题的完善 …………………………………… 142
 二、服务贸易议题的完善 …………………………………… 142
 三、投资议题的完善 ………………………………………… 143
 四、"21 世纪议题"的完善 ………………………………… 143
 五、中国的政策建议 ………………………………………… 144
第二节 中日韩 FTA 的路径和中国的政策研究 ………………… 144
 一、中日韩 FTA 的路径 …………………………………… 144
 二、中国的政策研究 ………………………………………… 149

参考文献 ……………………………………………………………… 150

引 言

一、研究背景

自20世纪60年代以来,随着各国经济交往的日益紧密,各国为促进彼此之间贸易的扩大,不同国家(地区)之间签订了以降低关税、非关税壁垒从而降低贸易成本、促进双边和多边贸易为目标的自由贸易协定(Free Trade Agreement,FTA)。进入21世纪后,随着以生产分割为主要特征的全球价值链的形成以及部分发达国家和地区对于WTO现有的谈判成果的不满,各国更是在WTO的基础上,通过建立双边或是多边的FTA来加强本国(地区)与主要贸易伙伴国家(地区)之间的经贸联系。根据相关统计,1990年以前,世界上所有进入实施阶段的FTA只有27项。进入20世纪90年代后,全世界签署的FTA数目不断攀升,截至2015年1月8日,向GATT/WTO通报的区域贸易协定有604个,仍生效的协定有398个[①]。

从东亚的角度来看,虽然目前东亚作为世界上经贸关系联系最为紧密的三个主要地区之一[②],但是在FTA的签订方面,与其他两个地区相比,仍显得十分缓慢,而对于同属于东亚重要国家的中国和韩国而言,虽然自20世纪90年代以来,民间学者就已经对签署中韩自由贸易协定(以下简称中韩FTA)的可能性进行了研究,但真正大规模对这一问题的研究则是自2004年两国首脑展开对话以来的十几年。2004年,中韩两国首脑提出建立中韩FTA的设想,在此后的12年中,中韩两国共经历了14轮的双边谈判,最终于2015年12月20日,《中韩自贸协定》正式生效,于2016年1月1日起正式实施[③]。

---

① 王开,靳玉英.区域贸易协定发展历程、形成机制及其贸易效应研究[M].上海:格致出版社,2016(1).
② 从区域贸易的角度,目前世界上经贸联系最为紧密的三个区域分别为:北美、欧盟和东亚。
③ 中国自由贸易区服务网:http://fta.mofcom.gov.cn/index.shtml.

中韩FTA的签署,首先,必然会对中韩两国双边贸易产生影响,其次,中韩FTA不会是一个静止的自由贸易协定,将会在未来根据世界政治经济形势的变化和中韩两国经贸关系的变化进行修订;最后,中韩FTA必然会对目前正在谈判的"中日韩自由贸易协定"(以下简称中日韩FTA)产生示范作用,甚至可能促进中日韩FTA、中国和东盟(10+1)之间的"区域全面经济伙伴关系协定",以及未来可能进行的中日韩和东盟(10+3)自由贸易协定等一系列中国正在进行谈判或即将进行谈判的自由贸易协定的进程。那么,在这一过程中,会产生四个随之而来的问题。一是中韩FTA会对中韩双边贸易产生何种影响?二是目前已经签署的中韩FTA有哪些新的特点?三是中韩FTA未来将如何发展?四是中韩FTA会对未来中日韩FTA、中国和东盟(10+1)之间的"区域全面经济伙伴关系协定",以及未来可能进行的中日韩和东盟(10+3)自由贸易协定等一系列中国正在进行谈判或即将进行谈判的自由贸易协定产生什么影响?对上述这4个问题,有的是需要从理论和实证两个方面进行分析的问题,有的则是需要在相关理论的基础上,根据当前中国和主要国家(如韩国、日本等国)的实际情况进行分析的问题。

基于上述分析,本书首先将中韩FTA的贸易效应作为研究与中国所签署的自由贸易协定相关的问题的切入点,从理论和实证两个方面,对中韩FTA的贸易效应进行研究,从而可以相对准确地分析中韩FTA对中韩两国双边贸易的影响;其次,在对中韩FTA的贸易效应进行相对准确分析地基础上,通过对中韩FTA内容的分析,对中韩FTA的未来发展完善及其对中日韩FTA的启示进行分析。

二、研究意义

(一)理论意义

中韩FTA的签署,提供了一次可以采用准自然实验法来对与自由贸易协定相关的问题进行研究的机会。在相关理论的基础上,通过对中韩FTA签署前后中韩两国双边贸易的变化的分析,可以分析双边自由贸易协定对双边贸易的影响,即双边自由贸易协定的贸易效应。因此,本研究可以丰富与自由贸易协定相关的理论研究的成果。

(二)现实意义

自党的十八大召开以来,全国进一步深化改革开放战略全面展开,一方面,中韩FTA的建立成为促进双边经济发展的重要途径,中韩两国通过建立紧密的经贸关系,可以发挥两国互补性和竞争性特点,强化两国在贸易、金融等领域的合作,本书的研究,将对中韩FTA的贸易效应进行定量分析,将有助于未来进一步促进中国FTA的发展,这将是本书的第一个现实意义;另一方面,中韩FTA也将为未来中日韩FTA的签署提供借鉴,本书的研究,将在未来中日韩FTA的签署上,提供有针对性的对策建议,将可能会加快中日韩FTA的谈判步伐,促进中日韩FTA的早日签订,这也是本书的第二点现实意义。

三、相关概念界定

根据百度百科中对于"效应"一词的定义,"效应"是指由某种动因或原因所产生的一种特定的科学现象;是指在有限的环境下,一些因素和一些结果而构成的一种因果现象,多用于对一种自然现象和社会现象的描述[①]。根据上述定义,中韩FTA的贸易效应,可以进一步解释为由于中韩FTA的签订所导致的其对中韩FTA对中韩双边贸易的影响。根据国际贸易领域中的相关理论,FTA的贸易效应包括总贸易效应、贸易创造效应、贸易转移效应等不同的效应,因此,本书所研究的是对中韩FTA对中韩贸易的不同影响进行分析,并在此基础上,从进一步完善中韩FTA和将中韩FTA扩展为中日韩FTA的角度,提出对策建议。

四、研究目标与研究内容

(一)研究目标

在全面系统地梳理FTA贸易效应的相关文献的基础上,第一,对中韩双边贸易情况进行分析;第二,对中韩双边FTA的内容进行分析;第三,采用实

---

① 百度百科 https://baike.baidu.com/item/%E6%95%88%E5%BA%94/4053376? fr=aladdin

证研究的方法,分析中韩双边自由贸易协定的贸易效应;第四,对中韩FTA的内容和意义进行分析;第五,在上述研究的基础上,从对策建议的角度,提出中韩FTA未来发展完善的对策及对中日韩FTA的启示。

(二)研究内容

基于研究目标,本书的研究内容主要包括以下几个部分。

第一,理论研究。主要对双边自由贸易对两国贸易的影响进行理论分析,并提出可经实证检验的理论假说。

第二,中韩双边贸易发展现状分析。主要从双边贸易商品结构、中韩双边贸易强度、中韩贸易竞争力、中韩双边贸易模式等几个方面,对中韩双边贸易的发展现状进行分析。通过该部分的研究,一方面可以分析中韩双边贸易的比较优势;另一方面,该部分中所使用的数据,还可以为本书的实证分析提供数据支持。

第三,中韩FTA的发展历程和主要内容分析。在这一部分中,将主要对中韩双边自由贸易协定的发展历程和协定的主要内容进行分析,通过该部分内容的研究,可以为今后进一步完善中韩FTA以及未来中日韩FTA的谈判提供借鉴。

第四,实证研究。主要基于贸易引力模型、双重差分模型、Balassa法等方法,实证研究中韩双边自由贸易协定对中韩双边贸易的影响,并验证前文中所提出的理论假说。

第五,对策研究。基于前四项研究内容的结论,从中韩FTA未来发展完善的对策及对中日韩FTA的启示的角度,提出相应的对策建议。

五、分析方法

(一)历史分析和逻辑分析相结合

历史分析的方法是从中韩贸易关系的发展进程的角度出发,对中国与韩国之间的经济往来进行综述、分析,提出中韩经济的协同性和互补性的特点,由此提出了中韩FTA的签署只是中韩双边经贸关系的一种重要时间节点,中韩FTA在未来仍存在着进一步改进和完善的可能;逻辑分析的方法是从社会历史的角度针对中韩FTA的现状以及所存在的障碍进行分析,分析中韩FTA的贸易效应,基于此而推进战略研究。逻辑分析与历史分析相结合的研究方法,说明中韩FTA的战略发展是历史必然,更需要基于当前世界经济发展环境而不断改进和完善,以便更好地促进中韩两国经贸的发展。

(二)比较分析的研究方法

在分析中韩FTA的贸易效应时,需要首先对与中韩FTA相关的理论进行分析,在这一部分中,需要使用比较分析的方法,即对不同的FTA理论的假设、所适应的情况以及结论进行比较。

(三)定性分析与定量分析相结合的研究方法

采用定性分析与定量分析相结合的方法,能够使论文的观点更为明晰,论证更为充分,而且也是更为有效、更为直接的、可操作的方法。

论文主要以定性分析为主、定性分析和定量分析相结合的分析方法。在对中韩FTA的贸易效应进行理论分析时,主要采用定性分析的分析方法。定量分析主要应用在以下四个方面:一是在对中韩双边贸易的情况进行分析时,主要采用定量分析的方法,通过构建可以反映中韩双边贸易的指标,来分析中韩双边贸易的情况;二是在分析中韩FTA中关于关税减让的情况和服务贸易的承诺上,将采用构建相关的方法对这两个问题进行分析;三是在对中韩FTA的贸易效应进行实证研究时,主要采用国际贸易学中引力模型和计量经济学中的双重差分模型(DID)对这一问题进行分析;四是在采用Balassa方法来分析FTA的贸易效应时,将会用到计量经济学中的相关方法。

六、技术路线

根据本书的研究内容和研究方法,拟定技术路线如下。

第一步,相关文献分析,通过对相关文献和理论的梳理,提出中韩FTA可能对中韩双边贸易产生的影响。

第二步,中韩双边贸易分析。通过采用多层次、多指标的方法,对中韩双边贸易的发展趋势进行分析。该部分内容,一方面可以分析中韩两国在双边贸易上的比较优势,进而评估中韩两国在签署双边自由贸易区后所可能获益的行业;另一方面,该部分的内容也可以为本书的实证研究提供数据支持。

第三步,通过对中韩FTA的发展历程和协议的主要内容进行分析,一方面可以得到中韩两国在签署自由贸易协定后,所可能产生的影响;另一方面,也可以通过对历史的分析,找出未来中韩FTA所可能进一步发展完善的路径。

第四步,中韩FTA相关理论研究,主要对国际贸易学中与双边FTA的贸易效应相关的理论进行阐释和分析。

第四步,实证研究。主要采用计量经济学的相关方法,通过使用引力模型和双重差分模型,实证分析中韩FTA对中韩双边贸易的影响,并验证前文提出的理论假说。

第五步,对策建议。在总结本书所得到的结论的基础上,从中韩FTA未来发展完善的对策和中韩FTA对构建中日韩FTA的启示这两个方面,提出相应的对策建议。

技术路线图如图1-1所示。

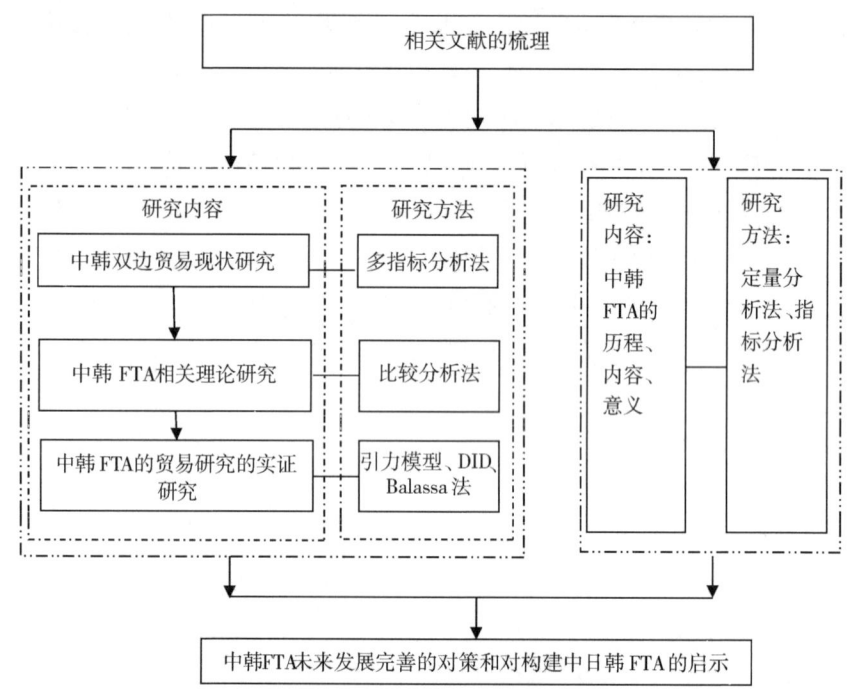

图 1-1 技术路线图

七、主要研究结论

本书得到的主要结论包括以下三个方面。

第一,基于贸易引力模型针对2008年1月至2018年6月中韩双边贸易的月度数据,采用双重差分模型,实证研究了中韩双边 FTA 对中韩双边贸易的影响,结果表明,中韩 FTA 显著增加了中韩双边贸易额;中韩双边 FTA 的签订对中韩两国劳动密集型行业双边贸易额的影响最大,对技术密集型行业双边贸易额的影响次之,对资本密集型行业双边贸易额的影响最小。

第二,对于未来中韩 FTA 的完善方向,本书认为,未来中韩 FTA 的完善将主要集中在进一步降低服务贸易壁垒和投资壁垒方面,最主要的是要将目前中韩 FTA 中以正面清单的形式存在的服务和投资壁垒向以负面清单的形式转变,同时,需要进一步增加中韩 FTA 中的"21 世纪贸易议题的内容"、降低边境内措施对中韩双边贸易和投资的限制。

第三,在中韩 FTA 对未来中日韩 FTA 的启示上,本书认为,首先,中日韩 FTA 的签署,必将是一个长期的过程,因此,需要中日韩三国本着协商的态度,通过求同存异来最终完成中日韩 FTA 的签署;其次,为降低在谈判过程中的阻力,中日韩 FTA 在关税方面,特别是农产品关税方面,中日韩需要做出一定的妥协和让步,在服务贸易和投资方面,应以正面清单的形式为主,待未来时机成熟后,再逐步由正面清单的形式过渡到负面清单的形式。

八、主要创新

本书的创新点包括以下几点。

第一,目前 FTA 的贸易效应的理论研究,主要是以最终品贸易为研究对象,主要集中在关税下降所导致的双边最终品贸易的变化。在全球价值链背景下,首先,关税下降不单会影响最终品贸易,还会对中间品贸易产生影响,因此,本书将对 FTA 对中间贸易品的影响进而对双边贸易的影响机制进行分析。

第二,目前针对 FTA 贸易效应的研究,主要集中在关税变化对贸易的影响,而在新型的 FTA 中,各国对服务贸易壁垒问题更为关注,当服务贸易壁垒下降时,必然会对企业的成本产生影响,从而间接对贸易产生影响,本书将对这一新的机制进行分析。

第三,目前针对自由贸易协定对贸易的影响的实证研究,所使用的方法,包括引力贸易、GTAP 模型和 SMART 模型,大多使用的是事前模拟的方法所进行的研究,较少使用事后数据对这一问题进行分析。本书将采用 DID 模型,同时结合扩展的贸易引力模型,对这一问题进行研究,可以更加有效地分析中韩FTA对中韩双边贸易的影响,在此基础上,本书还将采用巴拉萨(B. Balassa)提出的方法,从弹性的角度来分析中韩FTA的贸易效应。

第四,在对策研究方面,基于中韩FTA的发展历程和主要内容,从未来中国进一步完善中韩FTA和加快中日韩自由贸易协定的签署这两个方面,提出较为可行的对策建议。

九、未来研究方向

本书针对中韩FTA的贸易效应的研究,主要集中在对中韩FTA对中韩双边货物贸易的影响的分析,虽然在分析中韩双边贸易发展趋势和中韩FTA时,涉及双边服务贸易和投资的部分内容,但由于受数据的限制,本书的实证研究,仅针对中韩货物贸易,并未涉及服务贸易和投资这两个领域。因此,本书认为,未来针对中韩FTA的研究方向主要包括以下三点,这三点内容也将是笔者未来研究的重要领域。

第一,中韩FTA对中韩双边服务贸易的影响。由于现在很难找到中韩双边服务贸易的相关数据,因此,目前对这一问题的研究尚无法进行,随着数据的完善,这将是研究中韩FTA的效应中的一个重要内容。

第二,本书的研究主要集中在中韩FTA对中韩双边贸易总量的影响上,在全球价值链背景下,由于一国所出口的产品中包含了大量的进口中间投入品,因此,单纯的以贸易总量来分析一国对贸易的情况,可能无法准确、真实地反映一国对外贸易的真实利得。基于上述分析,在未来,需要进一步就中韩FTA对中韩附加值贸易的影响进行分析,这将是未来对中韩双边贸易的研究中,一个十分重要的研究课题。

第三,中韩FTA的投资效应研究。在双边自由贸易协定中,投资是一个十分重要的领域,由于本书所研究的重点内容是中韩FTA的贸易效应,因此,并没有对投资问题进行较为深入的研究,这一问题,将是笔者的研究重点之一。

第四,中韩FTA中的"21世纪议题"对中韩双边贸易的影响。在本书的研究中,只是针对中韩FTA对中韩双边贸易的影响进行了研究,并没有具体分析中韩FTA中的"21世纪议题"对中韩双边贸易的影响,由于在全球价值链时代,已经超越了WTO所规定的贸易议题,如劳工标准、贸易与环境、知识产权保护、国有企业等"21世纪议题"对双边贸易的影响,可能远大于关税对双边贸易的影响,因此,中韩FTA中的"21世纪议题"将如何影响中韩双边贸易,既是一个有着十分重要的理论和现实意义的问题,也是一个十分有趣的问题,这也将是笔者接下来所要研究的问题之一。

第一章　相关文献综述

鉴于本书的研究目的,与本书密切相关的文献包括以下三类文献:一是对自由贸易协定(以下简称 FTA)的贸易效应的相关研究文献;二是对中韩贸易或东北亚贸易的相关研究;三是对中韩 FTA 的贸易效应的相关研究。因此,在这一部分中,本书将主要对上述三类文献综述进行简要梳理。

根据上述分析,本章结构如下:第一节,FTA 的贸易效应的相关文献综述;第二节,中韩贸易的相关文献综述;第三节,中韩 FTA 贸易效应的相关文献综述;第四节,简要述评。

第一节　FTA 贸易效应的相关文献综述

随着区域经济一体化发展进程的加快,许多相关领域的中外研究学者对于 FTA 的贸易效应,即签订 FTA 对 FTA 缔约的双边贸易的影响的研究成果也日益丰富。接下来,本节将从国内外学者的相关理论研究和实证研究两个方面,对 FTA 的贸易效应的相关文献进行简要分析。

一、国外学者的理论和实证研究

国外学者关于 FTA 的贸易效应的早期的理论研究起源于瓦伊纳(J. Viner,1950)在著作《关税同盟问题》中提出的贸易创造效应和贸易转移效应这两个概念,即签订 FTA 后,一方面,一些原本由 FTA 以外的国家生产并进行贸易的产品改由签订 FTA 的国家进行生产和贸易,从而产生贸易创造效应;贸易转移效应则是指原本可以由生产成本更低的国家进行生产并进行贸易的产品,由于两国签订 FTA 后,改由签订 FTA 的两个国家进行生产和贸易。由于瓦伊纳(J. Viner,1950)所提出的签订 FTA 所产生的贸易创造效应和贸易转移效应只是一种静态的贸易效应,在此基础上,利普西(R. G. Lipsey,1957)从 FTA 的动态贸易效应的角度进行分析,认为签订 FTA 后,既会产生静态效应,比如贸易创造、贸易转移、社会福利增加以及贸易扩大效应等;又会产生动态效应,比如竞争效应、投资效应和规模经济效应等。瓦伊纳(J. Viner,1950)和利普西(R. G. Lipsey,1957)认为 FTA 可能会使两国受损,因此,FTA 的净贸易效应取决于两国的贸易条件。但是,坎普(M. C. Kemp)和温海燕(H. Y. Wan,1976)则认为,签订 FTA 后,可以通过重新设立外部关税使得各国的贸易条件都不会因为 FTA 而发生变化,从而 FTA 的贸易转移效应消失,只有贸易创造效应会发生作用。上述的研究,更多的是在新古典贸易理论框架之下,假设生产和消费市场均是在完全竞争市场的条件下,所得出的结论,西托夫斯基(T. Scitovsky,1985)和德尼奥(J. F. Deniau,1977)所提出的"大市场理论"则说明,签订 FTA 后,由于市场规模的扩大,可以产生规模经济、降低生产成本,促进 FTA 内部各国的贸易。克鲁格曼(P. Krugman,1992)基于垄断竞争模型的研究表明,在垄断竞争模型下,FTA 将导致两国的规模扩大,从而降低两国的生产成本、扩大两国的生产数量,增加两国的贸易量,即在垄断竞争条件下,FTA 的签订仍将促进各缔约国之间贸易的增加。瓦伊纳(J. Viner,1950)和利普西(R. G. Lipsey,1957)更多的是单纯地分析签订 FTA 所能给签订协议的两国带来的贸易效应,如果两国在未签订 FTA 之前,都存在一个最优关税,那么,在签订 FTA 后,会对两国的贸易产生何种影响?对于这一问题,巴格韦尔(K. Bagwell)和斯泰格(R. Staiger,1997a,1997b)认为,签订 FTA 后,可以避免两国出现"以邻为壑"式的关税竞争,从而促进两国贸易的增长和福利的增加。

在实证研究上,国外学者主要根据相关数据,采用计量经济学的方法或模拟的方法来实证研究 FTA 的贸易效应。具体来看,目前的研究主要包括引力模型法、Balassa 法、可计算的一般均衡模型法和局部分析法等。其中,引力模型法、Balassa 法是使用 FTA 建立前后的相关数据进行实证研究的方法,可计算的一般均衡模型法和局部分析法则是在未签订 FTA 之前,根据签订后可能的关税税率进行事前模拟的方法。

在使用引力模型对 FTA 的贸易效应的研究中,主要是通过在传统的引力模型中加入可以体现 FTA 的虚拟变量的方法来研究加入 FTA 的贸易效应。

在这类研究中,弗兰克尔(J. Frankel)和魏世杰(S. J. Wei,1998)使用引力模型研究了FTA成员国以及同非成员国间的贸易,结果表明,形成FTA的环境不同,带来的效应也不同。索洛加(I. Soloaga)和温特斯(L. A. Winters,2001)用修改后的引力模型的研究表明,在建立FTA前后区域内贸易量并没有显著地提高。切尔纳特(L. Cernat,2001)通过新增虚拟变量有效扩展了引力模型,把贸易创造效应和贸易转移效应从整体贸易效应中分离开来,结果表明,在南南区域贸易协定的情况下,由于贸易便利化措施而取消的贸易壁垒会增加区域伙伴和第三国可能增加的国际贸易。威尔逊(J. S. Wilson)、曼恩(C. L. Mann)和a杜盛(T. Otsuki,2004)通过引力模型来分析国家间贸易变动的决定因素,结果表明,由于FTA导致的关税下降是双边贸易创造的一个主要原因。迪佩斯(P. Dee)和加利(J. Gali,2005)通过构建包括130个国家1962至1996年的引力模型的实证研究表明,由于贸易转移效应的存在,FTA使成员之间的贸易大幅增加,是以牺牲了世界其他国家和地方的利益为前提的,即存在贸易转移效应。埃斯特瓦迪奥尔达尔(An. Estevadeordal、C. Freund)和奥奈尔斯(E. Ornels,2008)采用贸易引力模型针对FTA对区域外发展中国家的影响的研究表明,FTA对与区域外国家和地区的影响是会产生贸易壁垒,从而产生贸易转移效应,但随着时间的推移,当FTA成员国之间成为更加重要的贸易伙伴之后,对区域外国家的进口关税将会降低,贸易转移效应会逐步减小。与之类似的,采用贸易引力模型对FTA的贸易效应的研究还包括诸如卡雷尔(C. Carrère,2003)对南亚各国之间FTA的研究;余世华(S. Yu)、邓厚江(H. C. Tang)和徐克平(X. P. Xu,2014)基于扩展的贸易引力模型对中国和东盟之间FTA对双边贸易影响的研究;马克图夫(S. Maktouf,2015)对地中海国家之间FTA的贸易效应的研究等,所得到的结论,也多为FTA会促进FTA缔约国之间的贸易。

在使用Balassa法来测算FTA的贸易效应的相关研究中,则主要是通过计算区域贸易合作前后的进口需求收入弹性的变化来解释区域贸易合作的贸易效应。B. Balassa(1975)运用巴拉萨模型对欧洲经济共同体进行了实证分析,结果表明,欧洲经济共同体促进了其内部的各国之间贸易的增长。

由于基于可计算的一般均衡模型分析和局部分析,均是根据事前的数据进行模拟的分析,因此,本书将这两类研究放在一起进行简要分析。在使用可计算一般均衡模型的分析中,主要是采用可计算的一般均衡模型(CGE)或美国 Purdue 大学开发的全球贸易分析计划(Global Trade Analysis Project，GTAP)数据库项目来进行的。在 CGE 模型的发展上，约翰森(L. Johansen,1960)构建了第一个 CGE 模型，迪克森(P. B. Dixon,1982)基于约翰森(L. Johansen,1960)的 CGE 模型，发展了针对澳大利亚贸易的静态 CGE 模型和动态 Monash 模型，在上述模型的基础上，赫特尔(T. W. Hertel,1997)发展形成了全球贸易分析模型。相对于使用贸易引力模型，使用 CGE 模型的优点在于：首先，CGE 模型是一种一般均衡分析，引力模型则只能预测当其他因素保持不变时，FTA 的贸易效应；其次是 CGE 模型假设产品存在差异性和不完全替代，这一假设更符合现实。在利用 CGE 模型进行的实证分析中，亚当斯(P. D. Adams)和赫夫(K. M. Huff,1995)基于 GTAP 模型对东盟国家之间 FTA 的贸易效应的研究表明，东盟国家之间 FTA 将提高东盟国家之间的贸易量，恶化非成员国之间的贸易条件，也就是说，贸易创造效应和贸易转移效应同时存在。基图(E. Kitou)和菲利普斯(G. Philippiids,2010)根据 GTAP 模型对欧盟和加拿大之间 FTA 的贸易效应的研究表明，非关税贸易壁垒的消除已经取代关税贸易壁垒的消减成为导致自贸区国家间贸易增长的主要原因，FTA 的建立则有可能为非成员国带来贸易转移效应。弗朗索瓦(J. Francois)、曼基(M. Manchin)和诺伯格(H. Norberg,2013)基于 CGE 模型对美国和欧盟之间可能签订的 FTA 的模拟结果表明，对于美国和欧洲国家而言，具有更大和更广的全面性的 FTA 谈判协议将会给美国和欧盟带来更大的贸易利益。川崎(K. Kawasaki,2014)基于 CGE 模型对亚太经济合作组织(EPAs)可能建立的 FTA 的分析表明，FTA 将提高 FTA 成员国之间的贸易量。与上述研究相类似的研究还包括诸如：米西奥(A. Mitsuyo,2009)对东亚各国(地区)FTA 的贸易效应的研究；摩西托(G. Mahinda)和西里沃达娜(C. Siriwrdana,2010)对美国和澳大利亚之间 FTA 贸易效应的研究等，这些研究所得到的结论与采用贸易引力模型所得到的结论也基本相似，只是在精确度上可能有所提高。鉴于可计算的一般均衡模型(CGE)的计算量较大，近年来，部分国外学者基于世界银行 WITS 数据库开发的 SMART 模型，基于阿明顿假定(The Armington Assumption)，采用局部均衡分析的方法来对 FTA 的贸易效应进行模拟，这类研究包括比唐(M. Bitan)、斯密塔(S. Smita)和维沙尔(T. Vishal,2012)对东盟和印度之间 FTA 的贸易效应的研究；霍米(B. Thomy)、图拉姆(G. A. Tularam)和西里瓦达纳(M. Siriwardana,2013)对南部非洲国家之间关税同盟的研究等。

二、国内学者的研究

国内学者对于 FTA 的贸易效应的研究主要是利用已有的相关模型,采用实证研究的方法,来研究中国与某一国家(地区)签订 FTA 对两国(地区)之间双边贸易的影响。具体来说,国内学者对这一问题的研究,所使用的方法,同样主要包括引力模型法、Balassa 法以及一般均衡模型和局部均衡模型法这三种方法。

在使用引力模型来研究中国与某一国家(地区)签订 FTA 对两国(地区)之间双边贸易的影响的相关研究中,成利沙(2012)基于贸易引力模型,对中国和新加坡之间 FTA 的贸易效应进行了研究,结果表明,FTA 推动了中新两国的贸易额增长,创造效应大于转移效应。李荣林和赵滨元(2012)基于根据 2002 至 2012 年中国进出口数据的研究表明,中国参与 FTA 产生的贸易创造效应明显,贸易转移效应较少;中国参与 FTA 显著地推动了中国出口,而对进口的影响因伙伴国不同而存在异质性,FTA 成立时间越长,体现出的贸易创造和贸易转移效应越明显。赵金龙和赵明哲(2015)基于引力模型,实证研究了 CAFTA 对我国与东盟六国间的贸易效应,结果表明,CAFTA 对中国与东盟六国之间的双边商品贸易产生了显著的促进效应。陈淑梅和林晓凤(2018)则在全球价值链视角下,从附加值的角度,采用引力模型对中国 FTA 的贸易效应进行了实证研究,结果表明,中国对 FTA 伙伴出口中的国内增加值占比越高,对应 FTA 带来的贸易创造效应越大。与之类似的研究还包括郎永峰和尹翔硕(2009)对中国和东盟 FTA 贸易效应的研究;陈雯(2009)对中国和东盟 FTA 贸易效应的研究;吕宏芬和郑亚莉(2013)对中国和智利 FTA 的贸易效应的研究;林琳和李怀琪(2015)对中国和新加坡之间 FTA 的贸易效应的研究等。

在使用 Balassa 方法对 FTA 的贸易效应的研究上,姬艳洁和董秘刚(2012)基于 Balassa 方法,实证研究了中国和新西兰之间 FTA 的贸易效应,结果表明,中国和新西兰之间的 FTA 对新西兰带来的贸易创造效应大于其对中国的贸易创造效应。刘梦琳(2017)采用 Balassa 方法对中国和新加坡之间 FTA 的贸易效应的研究表明,中国和新加坡之间的 FTA 在更大程度上扩大了中国的出口,对新加坡产生了更加明显的进口贸易创造效应。

在使用可计算的一般均衡模型和局部均衡模型的研究中,薛敬孝和张伯伟(2004)采用GTAP模型比较分析了东亚地区各种自贸区的效应,认为中日韩和东盟(10+3)的模式对中国的出口最为有利。曹宏苓(2005)基于GTAP模型的研究表明,通过构建中国—东盟FTA会对区内成员国产生"双优势贸易效应",促进双边贸易的发展。梁晶(2006)认为建立FTA会由于成员国之间贸易壁垒的逐步消除促进区域内部贸易的增长。谢锐、肖皓和赖明勇(2012)采用GTAP模型模拟中国大陆参与东亚区域贸易自由化的各种不同场景,结果显示,通过ECFA参与中国大陆区域贸易自由化进程的三种模式均有利于提高台湾来料对大陆出口垂直专业化的贡献度,促进台湾与大陆之间的贸易。赵亮和穆月英(2013)东亚FTA对中国农产品贸易的研究表明,东亚FTA虽然会对中国农产品的生产产生一定的影响,但从长期来看,会促进中国农产品的出口。姜悦和黄繁华(2017)基于GTAP模型,对中国与瑞士和中国与澳大利亚这两个FTA的经济效应进行了比较,结果表明,虽然建立中瑞FTA和中澳FTA都能形成显著的贸易创造效应,但相对于中瑞FTA,中澳FTA的贸易效应可能更大。在使用局部均衡分析的相关研究中,彭支伟和张伯伟(2012)采用SMART模型,基于HS6分位数据模拟中日韩三国间不同的阶段性双边关税减让方案和长期内关税的全部减让方案对中日韩三国的影响,结果表明,中日韩三国的农业部门、日本和韩国的纺织品部门以及中国的汽车部门可能受到来自其他两国较为明显的冲击。与之类似的研究还包括诸如余振、陈继勇和邱珊(2014)对中国和俄罗斯之间FTA的贸易效应的研究;杜威剑和李梦洁(2015)对中日韩FTA经济影响的研究;刁莉、史欣欣和罗培(2016)采用SMART模型对中俄蒙FTA的贸易效应的研究;杨励和吴娜妹(2016)对中国与澳大利亚之间的FTA对两国乳制品贸易的影响的研究等。

第二节 中韩贸易的相关文献综述

国内学者关于中韩FTA的研究,首先是将中韩FTA作为东北亚乃至东亚经济贸易发展的长期目标,以此为突破点,首先对中韩两个国家之间所存在的贸易问题进行研究,其基本逻辑在于:如果中韩两国在经济和贸易上具有一定的互补性,那么,进一步建立中韩 FTA 将在有助于进一步促进中韩两国经济的发展的同时,密切关注中韩两国的政治关系,这也有助于整个朝鲜半岛和东北亚地区的经济的发展和政治的稳定。因此,在这一过程中,对中韩双边贸易和东北亚各国贸易(主要是中日韩三国之间的贸易)的研究就成为研究中韩 FTA 问题的先决条件。相应的,本书也在这一节中,对中韩贸易和东北亚贸易的相关文献进行简要综述。

本节接下来的结构安排如下,第一部分,对与中韩贸易结构和竞争力相关的文献进行梳理;第二部分,将从东北亚贸易的角度,通过对东北亚贸易的梳理,可以从一个侧面分析出中韩贸易在东北亚贸易中的地位。

一、中韩贸易结构和竞争力研究

在对中韩贸易结构和竞争力的研究中,国内外学者主要从货物贸易和服务贸易这两个方面,对中韩贸易结构和竞争力进行分析。

石峡、李小红和罗林敏(2007)分析了中韩经济贸易增长形势、两个国家双边贸易在各自国家的贸易中所占比例、中韩两个国家各自的 GDP 增长以及增长态势等,结果表明,中韩双边贸易发展态势良好,两国存在进一步发展双边贸易的可能。在对中韩货物贸易结构的分析中,金永久(2010)基于中韩货物贸易商品结构的分析表明,两国贸易中高技术产品的比重不断增加,两国贸易的商品结构在不断优化。白贵玉(2012)认为中韩贸易商品结构中存在着中国向韩国出口的产品附加值低、技术含量低、中国出口产品增长潜力不大等问题,影响中韩贸易的健康发展。在对中韩双边贸易竞争力的分析中,汪斌(2006)基于 RCA 指数的分析表明,在中韩双边贸易中,中国的比较优势不仅体现在劳动密集型行业上,还体现在部分资本和技术密集型行业上,且中国在中韩双边贸易上的竞争力不断提高。

在中韩服务贸易结构和竞争力的研究上,孙莉莉和张曙霄(2011)针对中韩双边贸易商品结构的分析表明,中韩服务贸易商品结构表现为旅游、运输等传统服务进出口占主导,其他商业服务比重较大。谭晶荣(2006)使用 TC 指数和 RCA 指数对中韩服务贸易结构和竞争力的研究表明,中韩两国在服务贸易领域内的竞争力不相上下,即使在服务贸易的个别行业存在差距,但并不是很大。与上述研究相类似的还包括诸如周启良和湛柏明(2013)、陈巧慧和戴庆玲(2014)等的研究。

二、中韩贸易政策研究

在对中韩贸易政策的研究上,主要的研究视角包括基于中韩贸易摩擦的视角研究中韩贸易政策、基于双边FTA发展的视角研究中韩贸易政策、基于文化经济发展的视角研究中韩贸易政策等。接下来,本书就对基于上述三个视角来研究中韩贸易政策的文献进行简要梳理。在基于中韩贸易摩擦的视角对中韩贸易政策的研究中,李晓峰和张巍(2006)针对于中韩贸易摩擦问题的分析表明,认为中韩贸易摩擦是不可避免的,但是并不会影响双方经济贸易关系的日益密切,通过建立中韩FTA,可以最大限度地缓解这种摩擦,促进两个国家双边贸易健康稳定地发展。在基于双边FTA发展的视角研究中韩贸易政策中,李明艳(2006)通过对双边FTA进程建立分析框架,从实际发展的角度出发对中韩两个国家的经济贸易关系进行分析,认为建立双边自由贸易区是中韩自由贸易区成功建立的关键。赵放和李季(2010)在1991至2008年的中韩双边贸易数据的基础上,针对影响中韩产业内贸易的各项影响因素进行实证分析后认为,中国可以通过企业、区域、政府这三个层面,推进中韩自由贸易区的建立。在基于文化经济发展的视角对中韩贸易政策的研究中,卢海涛和陈为国(2007)认为,随着文化经济的发展,如果要成功建立中韩FTA,两个国家的传统文化成为了重要条件。刘赛力(2008)认为,中韩两个国家要建立双边FTA,除了经济贸易互补、政治关系的稳固之外,相似的传统文化和地方风俗习惯成为中韩FTA建立的重要支持。

三、中韩产业内贸易研究

在对中韩产业内贸易的相关研究中,主要包括使用量化分析方法对中韩产业内贸易进行研究和使用计量经济学的相关方法对中韩产业内贸易的研究等。

采用量化分析方法对中韩产业内贸易的研究,李准晔和金洪起(2002)利用产业内贸易和产业间贸易的相关理论分析了中韩建交10年来中韩之间的贸易,结果表明,在两国贸易总量的快速增加中,工业产品贸易起了主导作用,其中工业产品的产业内贸易的比重持续增加,对两国贸易的迅速增长起了重要作用,在工业产品的产业内贸易中,与同质产品的横向产业内贸易相比,质量与价格有所差异的垂直产业内贸易起了主导作用,这导致中韩贸易在表面上看来产业内贸易的比率较高,但是实际上保持着由资源禀赋条件所决定的产业间贸易的特征。秦熠群和金哲松(2005)对中韩两个国家间的产业内贸易发展状况运用G-L指数进行分析,认为中韩两个国家贸易主要是围绕着产业内贸易展开的,以垂直型贸易形式为主,水平型贸易所占有的比重呈现上升的趋势。阴之春(2006)从中韩两国的贸易商品构成入手,通过计算中韩产业间和产业内贸易指数指标,来分析中韩两国贸易发展状况和贸易结构变化,结果表明,中韩两国的产业间贸易水平较低,而代表水平分工的产业内贸易水平则较高且增长很快,这种现象在占中韩贸易主体的工业制成品贸易中表现尤为明显,在产业内贸易中,代表相同质量产品的水平产业内贸易的份额要高于同一产业不同环节有差异产品的垂直产业内贸易。李季(2010)则对中韩机电产品的产业内贸易进行了分析,结果表明,中韩机电产品贸易以产业内贸易为主,并且其产业内贸易以垂直型为主,而中国在这种垂直型产业内贸易体系中整体居于贸易劣势地位。

在采用计量经济学的相关方法针对中韩产业内贸易的影响因素的研究中,赵放和李季(2010)利用中韩1991至2008年间中韩双边贸易的数据的实证研究表明,中韩整体经济规模的扩大、中国吸引的FDI以及加工贸易在中国对外贸易中比重的提升等因素对中韩产业内贸易的发展具有正效应,而中韩经济规模相对差异的扩大则对中韩产业内贸易具有负效应。李海莲和张楚翘(2017)针对中韩工业制成品产业内贸易的影响因素的研究认为,市场规模水平、FDI、经济开放度以及贸易不平衡度是影响中韩工业制成品产业内贸易的核心要素。与之类似的研究还包括诸如李盾(2007)的实证研究;蓝庆新和郑学党(2011)对中韩产业内贸易的实证研究等,所得到的结论也大体类似。

第三节 中韩FTA贸易效应的相关研究

在对中韩FTA的贸易效应的研究中,主要包括两个方面的研究:一是在签订中韩FTA前,采用定性和定量的分析方法,对中韩FTA所可能产生的贸易效应进行分析,在定量分析中,主要使用的方法即为一般均衡法和局部均衡法;二是在中韩FTA实施后,对中韩FTA中和贸易相关的条款以及中韩FTA的贸易效应进行研究,在这类研究中,由于中韩FTA实施时间较短,较少有学者利用现有的数据对这一问题进行研究,因此,在研究中,更多的是以采用相关指标进行定量分析为主。

接下来,按照这一逻辑,本书将对中韩FTA的贸易效应按照中韩FTA签订前的相关研究和中韩FTA实施后的相关研究这两个方面,对相关文献进行简要分析。之所以采用这种分类方法,主要的原因在于:在中韩FTA签订之前所使用的研究方法以理论研究和基于一般均衡法和局部均衡法为主,较少地使用利用指标进行定量分析的方法;在中韩FTA实施之后的研究则主要使用指标分析法,较少使用基于一般均衡法和局部均衡法对中韩FTA的贸易效应进行分析。

一、中韩FTA签订前的相关研究

在中韩FTA签订前,对中韩FTA可能存在的贸易效应的研究主要包括两类,一类是采用定性分析的方法,研究中韩双边FTA对中韩两国经济和贸易的影响。另一类研究是采用一般均衡法或局部均衡法,通过对中韩FTA实施后所可能出现的各种不同情况进行模拟,来分析中韩FTA可能出现的贸易效应。

(一)基于定性分析的相关研究

在这类研究中,针对中国与韩国的贸易往来中所存在的贸易逆差问题展开研究。汪素芹(2003)的研究表明,中韩两个国家的贸易壁垒问题、倾销与反倾销问题以及两个国家贸易不平衡问题,都在一定程度上妨碍了中韩贸易的健康稳定发展,通过建立中韩FTA,实现中韩两个国家的制度性、战略性合作,可以促进两个国家贸易自由化发展,实现长期贸易合作,从而促进中韩两国之间双边贸易的增长。刘翔峰(2005)基于中韩双边贸易现状及所存在的问题的分析则表明,中韩FTA的签订将会促进中韩FTA的发展。沈铭辉(2011)对中韩双边FTA的成本—收益分析表明,中韩双边FTA的建立,除了能够推动中韩两国的贸易、投资以及经济增长等传统经济收益外,还将对东亚地区的经济一体化起到推动作用。王厚双和齐朝顺(2015)在相关理论分析的基础上,进一步对相关数据进行分析,认为,中韩FTA的建立将对两国的经济建设起到积极作用,这不仅体现在数量上的扩大更体现在结构上的调整,从而促进中韩双边贸易的发展。与之类似的,在理论上对中韩FTA的贸易效应进行分析的相关研究还包括诸如胡渊和杨勇(2014)对中韩FTA的前景和贸易效应的研究;宋志勇(2015)对中韩FTA对东北亚经济和贸易格局的分析;沈铭辉和李天国(2017)在对韩国FTA政策的演变的基础上对中韩FTA的贸易效应的分析等。

(二)基于一般均衡法和局部均衡法的相关研究

由于基于一般均衡法和局部均衡法的相关研究,均属于对中韩FTA的贸易效应的事前模拟,只是基于的假设和使用的分析工具不同,因此,本书将这两类的研究放在一起进行分析。

在使用一般均衡法的相关分析中,主要是采用GTAP模型,通过模拟中韩双边FTA签订后的各种可能性来分析中韩双边FTA对中韩两国经济和贸易的影响。在这类研究中,I. Cheong等(2004)根据农业部门的不同开放水平,设计出不同的模拟方案,结果表明,签订双边FTA后,中韩两国的GDP和双边出口均会增加,但农业部门关税的全部取消将对韩国农业带来较大损害。A. Audrey(2012)使用GTAP数据就中韩FTA对中韩双边贸易的模拟表明,中韩FTA将促进中韩两国在技术密集型行业的双边贸易的发展。黄鹏和汪建新(2010)基于GTAP模型分析了签订中韩双边FTA的经济效应,认为从中韩双边FTA的静态效应来看,中韩双边FTA的达成对中国来讲获利不明显,获益方主要在韩国方面;从动态效应来看,中韩双边FTA的达成将会给中韩双方均带来较大的收益,但韩国收益大于中国。赵亮和陈淑梅(2015)基于GTAP模型的分析表明,中韩FTA会对中韩双边贸易产生促进作用,但会阻碍中韩两国与其他贸易伙伴国之间的贸易。廖战海、曹亮和张亮(2016)通过

GTAP 模型的模拟计算,从总体和分部门两个维度揭示了中韩双边 FTA 的产出效应和贸易结构效应,结果表明,中韩双边 FTA 的签订,将导致中国的农产品产出有一定的增长,纺织服装、化工、汽车及零配件部门产出下降;韩国部门产出的减少主要体现在农业部门和除纺织服装、化工以外的其他工业部门。刘斌和庞超然(2016)的研究则表明,中韩双边 FTA 的签订将有利于中韩两国双边贸易增长、经济发展和福利提高。与此相类似的研究还包括诸如 B. S. Kim(2005)对中韩贸易的研究;H. Lee(2005)对中韩 FTA 的影响和意义的分析;李晓峰和桂嘉越(2009)对中韩 FTA 的研究;王琳(2013)从区域经济的角度对中韩 FTA 的贸易效应的研究;刘朋春(2015)基于 GTAP 模型从中韩 FTA 和中日 FTA 的差异的角度对中韩 FTA 的贸易效应的分析;李杨、冯伟杰和黄艳希(2015)对中韩 FTA 的影响效应研究;周曙东、肖宵和杨军(2016)对中韩双边 FTA 的建立对两国主要产业的经济影响分析;吕波(2016)从贸易结构和贸易总量上对中韩 FTA 的贸易效应的研究;陈继勇和余自强(2017)对中韩双边 FTA 对两国双边贸易影响的研究;钱进和王庭东(2017)对中韩 FTA 和中日 FTA 的贸易效应的比较等,其所得到的结论也大多为中韩双边 FTA 将促进中韩双边贸易和两国经济的增长。

鉴于 GTAP 模型对模型精度的要求较高,且存在数据有可能掩盖各门类内部不同产业间的差异特性、无法使用高度细分的行业数据等问题,因此,在中韩双边 FTA 对中韩两国贸易和经济影响的第三类研究中,部分学者放弃使用 GTAP 作为分析工具,而是使用世界银行提供的 SMART 软件作为分析工具,采用局部均衡分析法,分析中韩双边 FTA 对中韩两国贸易和经济的影响。在这类研究中,彭支伟和张伯伟(2012),基于 HS6 分位数据模拟不同的阶段性双边关税减让方案和长期内关税的全部减让对中韩两国经济的影响,结果表明,中韩双边 FTA 启动后,两国的农业部门、韩国的纺织品部门和中国的汽车部门将受到来自其他国家较为明显的冲击,机电产品及其零部件的区域内贸易增长潜力有限。与之类似的采用局部分析法对中韩 FTA 的贸易效应的模拟研究还包括诸如匡增杰(2014)对中韩 FTA 和中日韩 FTA 的贸易效应的分析等。

二、中韩 FTA 实施后对相关条款的研究

中韩 FTA 签订后,部分学者对中韩 FTA 的条款进行了分析。由于中韩

FTA 于 2016 年 1 月 1 日才正式实施，因此，目前这类研究相对较少。在使用方法上，主要是在对中韩 FTA 的条款的分析的基础上，进一步对中韩 FTA 的贸易效应进行分析。在这类分析中，朴英爱和刘志刚（2015）通过对中韩 FTA 中的环境条款的分析，认为中韩 FTA 可能会增加中韩两国的贸易成本，对中韩双边贸易产生负面影响。孙蕊和齐俊妍（2017）基于五级分类频度法和 STRI 指数方法，对中韩 FTA 中的服务贸易限制进行了研究，结果表明，中韩双方对于服务贸易开放的意愿比较强烈，但与框架性条款相比，中方减让表现在具体提供方式和重点部门的突破等方面并不明显，和现有的服务贸易开放水平相比也没有太多提高。张双（2017）对中韩 FTA 中服务贸易条款的分析表明，中韩 FTA 在服务贸易上的开放将促进中韩双边服务贸易的发展。

第四节　本章小结

本章主要对 FTA 的贸易效应的相关文献、中韩贸易和东北亚贸易的相关文献、中韩贸易的相关文献、中韩 FTA 贸易效应的相关文献这四个方面的相关文献进行了简要的梳理。

第一，在对 FTA 的贸易效应的理论和实证研究上，首先，在理论研究方面，国内外学者最早主要基于新古典贸易理论的相关假设，从贸易创造效应和贸易转移效应这两个方面对 FTA 的贸易效应进行研究；在此基础上，由于新古典贸易理论中的完全竞争、生产者边际成本为常数、不存在规模报酬递增等相关假定过于严格，部分学者通过放弃新古典贸易理论的假设，基于新贸易理论的垄断竞争和规模报酬递增假设，从规模经济的角度来对 FTA 的贸易效应进行分析。其次，在实证研究上，国内外学者主要采用事前模拟和事后研究这两种方法对这一问题进行研究，其中，事前模拟主要基于可计算的一般均衡模型（CGE）和局部均衡模型（SMART），对 FTA 中可能出现的情况，通过设定不同场景，来研究 FTA 的贸易效应，这两种方法虽然属于事前模拟，但由于是基于不同场景的研究，因此，所得到的结论有助于在 FTA 签订前分析 FTA 的贸易效应，但主要缺点在于，一是既然是事前模拟，就不可考虑到所有的可能性，因此，必然存在一定的误差；二是无论是 CGE 模型还是 SMART 模型，所得到的各种结果均依赖于模型中的各种参数设定,一旦模型中所设定的参数发生改变,则模型的结果必然发生变化,这也是上述两种模型需要考虑不同场景的原因之一,特别是对于关税下降的可能性的设定,由于FTA所涉及的关税多达上千种,因此,无法完全体现FTA所带来的影响。与事前模拟对应的实证研究的方法则是在FTA签订后,基于事实上的数据来分析FTA的贸易效应,所使用的方法主要包括贸易引力模型和Balassa法。其中,贸易引力模型主要是通过在传统的贸易引力模型中加入反映是否签订FTA的虚拟变量的方式来研究签订FTA是否可以促进缔约国之间的贸易,其研究对象主要是双边贸易量或双边贸易弹性(双边贸易量的对数);Balassa法则主要通过研究FTA对进口需求弹性的变化来研究FTA的贸易创造效应和贸易转移效应。无论是贸易引力模型法还是Balassa法,其优点在于,使用的FTA签订后的数据,数据相对准确,缺点则在于,由于这两种方法的实质都是基于计量经济学的相关方法对FTA的贸易效应的研究,因此,必然存在无法在计量方法中包含所有影响因素、无法对不同可能进行分析等问题。

因此,通过上述分析说明,对FTA的贸易效应的研究,应该同时考虑到上述三种方法各自的优势和劣势,通过采用事前模拟研究和事后实证研究相结合的方式,对FTA的贸易效应进行研究。

第二,在对与中韩双边贸易相关的研究中,就作者所掌握的相关文献来看,主要集中在对中韩双边贸易结构和竞争力的研究、对中韩双边贸易政策的研究和对中韩产业内贸易情况的相关研究等几个方面,对中韩双边贸易结构和竞争力的研究可以根据研究内容分为对中韩货物贸易结构和竞争力的研究、对中韩服务贸易结构和竞争力的研究等方面;对中韩双边贸易政策的研究可以根据研究的视角进一步分为基于中韩贸易摩擦的视角研究中韩贸易政策、基于双边FTA发展的视角研究中韩贸易政策、基于文化经济发展的视角研究贸易政策等;对中韩产业内贸易的研究又可以根据所使用的研究方法进一步分为使用量化分析方法对中韩产业内贸易进行研究和使用计量经济学的相关方法对中韩产业内贸易的研究等。

总体来看,目前对与中韩双边贸易相关的研究基本上涵盖了与中韩双边贸易相关的各个方面,在研究方法上,则主要使用根据相关指定进行定量分析和使用计量经济学的相关方法来进行研究。

目前来看,对于与中韩双边贸易相关的研究中仍可进一步改进之处在于以下三个方面。首先,在与中韩贸易结构和竞争力的研究方面,在全球价值链视角下,由于一国出口的产品中有大量来自国外的进口中间投入品,因此,单纯地分析中韩双边贸易结构和竞争力可能无法全面地展示中韩双边贸易的情况和中韩两国的竞争力,所以,需要从中韩双边贸易中的本国附加值的角度来对中韩双边贸易和竞争力进行分析。其次,在对中韩贸易政策的研究上,一是目前的研究更多的是从经济层面来研究中韩贸易政策,缺少从政治层面、社会层面和文化层面等层面来分析中韩贸易政策的形成机制;二是在研究方法上,目前的研究以实证研究为主,缺少从理论层面通过建立可经实证检验的理论模型对这一问题进行更加系统的分析;三是主要采用计量经济学的相关方法对这一问题进行研究,缺少从政策模拟的角度,采用一般均衡模型或局部均衡模型的方法对这一问题进行的研究。最后,在对中韩产业内贸易的相关研究中,只是基于相关的指标,采用计量经济学的方法对这一问题进行的研究,缺少在理论上对中韩产业内贸易的形成机制的进一步的探讨。

第三,在对中韩FTA的贸易效应相关的研究中,部分学者首先尝试在相关理论框架下,从理论上来分析中韩FTA的贸易效应,但是更多的学者是采用实证研究的方法来研究中韩FTA的贸易效应。在实证研究中,由于中韩FTA在2016年1月1日正式实施,因此,目前已有的研究,更多的是基于中韩FTA实施前的相关数据,采用一般均衡分析或局部均衡分析的方法,通过设定不同的场景来模拟中韩FTA可能对中韩双边贸易产生的影响,但无论是一般均衡分析还是局部均衡分析,由于没有准确的FTA的条款可供参考且所使用的只是在中韩FTA签订之前的数据,因此,虽然这两种分析方法可以通过设定不同的场景的方式来克服由于缺少中韩FTA实施后的数据所产生的缺陷,但是,在准确程度上,仍存在一定的差距。在中韩FTA实施后,针对中韩FTA的贸易效应的分析,则主要是基于对中韩FTA已有条款进行分析而进行的,同样较少涉及实证研究。因此,在未来,随着中韩FTA实施时间的增加,可获得的数据必然随之增加,相应的,采用贸易引力模型和Balassa法这两种方法来实证研究中韩FTA的贸易效应的文献必然也随之增加,从而可以弥补现有文献在这一方面的不足。

第二章 中韩贸易发展现状研究

在这一部分中,本书主要从中韩双边贸易商品结构、中韩双边贸易强度、中韩双边贸易比较优势等方面,对中韩双边贸易的变化进行分析。

需要特别指出的是,受到图表篇幅的限制,在本章中的所有表格,均只显示部分年份的相关数据,以保证本章的表格不会占用过大的篇幅从而影响阅读。

本章结构如下。第一节,中韩双边贸易商品结构分析,主要基于 UN Comtrade 的数据,对中韩两国双边贸易总量和双边贸易商品结构进行简要分析;第二节,中韩双边贸易强度分析,主要采用贸易强度指数,对中韩双边贸易强度进行分析;第三节,中韩双边贸易比较优势分析,主要采用贸易竞争力指数,对中韩双边贸易的比较优势进行简要分析;第四节,中韩双边贸易模式分析,主要基于 G-L 指数,分析中韩双边以产业内贸易为主还是以产业间贸易为主,第五节,为本章主要结论。

第一节 中韩双边贸易商品结构分析

从国际贸易的角度来看,在一国或双边对外贸易中,对于商品结构的分析一直是在国际贸易领域一个十分重要的问题。张曙霄(2003)认为,对外贸易商品结构是指一定时期内各类商品或某种商品在一国或地区对外贸易中所占的比重或地位。由于一国的对外贸易同时包括货物贸易和服务贸易,因此,相应的,在中韩双边贸易中,同样包括中韩货物贸易的商品结构和中韩服务贸易的商品结构这两部分内容。在这一部分中,本书将基于 UN Comtrade 数据库中提供的数据,具体分析中韩双边贸易商品结构的变化趋势。需要指出的是:第一,由于本书的重点在于研究中韩双边 FTA 的贸易效应,对中韩双边贸易商品结构的变化趋势只是进行简要分析,因此,本书仅以 SITC3.0 版 1 位数商品分类对中韩双边贸易商品结构进行粗略的分析[①];第二,虽然目前 UN Comtrade 数据库中提供了服务贸易的统计数据,但这些服务贸易的统计数据,只针对一国总体情况,没有提供双边服务贸易的相关统计,因此,受制于数据的限制,在中韩双边贸易的角度,本书只对中韩双边货物贸易的商品结构变化进行分析,而没有涉及服务贸易领域;第三,鉴于本书分析中韩双边贸易商品结构的一个主要目的是为了分析中韩双边各自的比较优势,进而分析中韩双边 FTA 对中韩两国的影响,而在中韩双边 FTA 中,服务贸易又是一个不容忽视的重要内容,因此,本书在首先分析中韩双边货物贸易商品结构的变化趋势的情况下,进一步分析中国和韩国两国各自在服务贸易上的商品结构,但由于 UN Comtrade 数据库中并没有中韩双边服务贸易的相关数据,因此,在此,只能分别对中国和韩国的服务贸易情况进行分析。

这一节的内容安排如下:第一部分,中韩货物贸易商品结构分析,主要对中韩双边货物贸易结构的变化进行分析,在首先分析中韩双边货物贸易进出口的情况下,重点分析中韩双边货物贸易的商品结构变化;第二部分,中韩服务贸易商品结构分析,主要基于 UN Comtrade 的数据,对中国和韩国各自在服务贸易的商品结构进行分析。

一、中韩双边货物贸易商品结构分析

在分析中韩双边贸易商品结构之前,本书首先简要分析 1992 至 2016 年中韩双边货物贸易整体的变化趋势,计算结果如图 2-1 所示。根据图 2-1 可以发现这一时期中韩双边贸易体现以下几个变化特点。第一,无论是出口、进口还是进出口,这一时期中韩双边贸易都是在不断增加的,其中,中国对韩出口由 1992 年的约 24 亿美元上升到 2016 年的约 937 亿美元,增长约 39 倍;中国自韩国进口由 1992 年的约 26 亿美元上升到 2016 年的约 1590 亿美元,增长约 61 倍;双边贸易进出口总额由 1992 年的约 50 亿美元上升到 1992 年的 2627 亿美元,增长约 53 倍。第二,从中国对韩出口和自韩国进口的差额来看,

---

① SITC3.0 版 1 位数分类包括:0 类食品和活动物、1 类饮料和烟草、2 类非食用原料、3 类矿物原料及润滑油、4 类动植物油脂、5 类化学制品及有关产品、6 类按原料分类的制成品、7 类机械与运输设备、8 类杂项制成品类、9 类未分类其他商品。

这一时期中国对韩贸易始终处于贸易逆差的状态,贸易逆差额由1992年的2亿美元左右上长到2016年的将近653亿美元,上升了约325倍,韩国已成为对华贸易顺差第一大国。

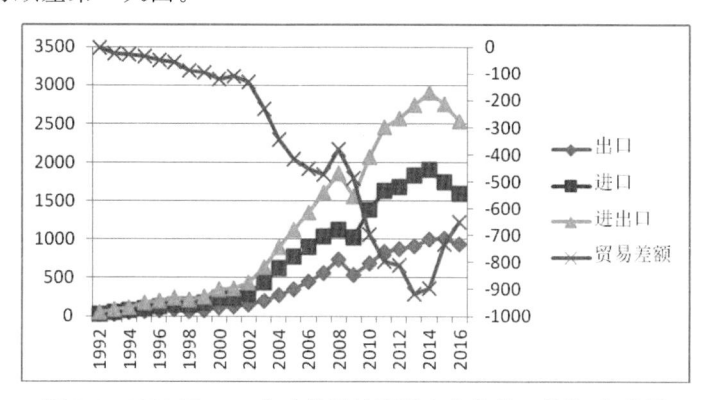

图 2-1　1992 至 2016 年中韩双边贸易变化趋势　单位:亿美元

数据来源:根据 UN Comtrade 数据库中的相关数据计算而得,精确到小数点后两位。

在图 2-1 的基础上,本书接下来进一步分析中韩双边贸易的商品结构。表 2-1 计算了以 SITC3.0 版 1 位数分类的各类商品占中韩双边贸易(包括进口和出口)总额的比重,从中可以发现,这一时期中韩双边贸易中,第 7 类产品(机械与运输设备)所占比重最大,平均占这一时期中韩双边贸易的 36.46%,第 6 类产品(按原料分类的制成品)所占比重排在第 2 位,平均占这一时期中韩双边贸易的 24.09%,第 5 类产品(化学制品及有关产品)所占比重排在第 3 位,平均占这一时期中韩双边贸易的 14.62%,上述三类产品合计占这一时期中韩贸易的约 75% 以上,也就是说,这一时期中韩双边贸易中有 3/4 以上来自上述三类产品,与之对应的是,第 4 类产品(动植物油脂)占这一时期历年中韩双边贸易的平均比重仅为 0.03%,第 1 类产品(饮料和烟草)占这一时期历年中韩双边贸易的平均比重为 0.11%,第 9 类产品(未分类其他商品)占这一时期历年中韩双边贸易的平均比重为 0.13%,上述三类产品合计占这一时期历年中韩双边贸易的平均比重为 0.27%。

表 2-1　1992—2016 年部分年份中韩双边贸易商品结构　　　单位:%

商品名称	第0类	第1类	第2类	第3类	第4类	第5类	第6类	第7类	第8类	第9类
1992	13.62	0.15	6.58	9.87	0.09	13.97	39.92	11.02	4.73	0.05
1994	6.73	0.28	5.45	6.34	0.04	15.21	38.64	17.99	9.25	0.08
1996	3.25	0.71	5.08	6.96	0.03	15.32	37.39	21.86	9.35	0.03
1998	3.53	0.05	3.79	8.52	0.04	19.66	34.64	22.43	7.32	0.02
2000	4.32	0.02	3.23	8.66	0.02	17.10	29.33	29.44	7.84	0.03
2002	4.26	0.04	2.08	5.58	0.02	15.38	22.96	37.85	11.78	0.05
2004	2.26	0.04	1.42	5.50	0.02	13.37	19.51	41.20	16.57	0.11
2006	1.97	0.03	1.38	6.05	0.02	13.38	18.82	43.36	14.91	0.10
2008	1.52	0.03	1.43	7.31	0.01	13.24	19.72	42.75	13.89	0.09
2010	1.61	0.03	1.35	4.74	0.02	13.30	14.05	48.10	16.61	0.20
2012	1.51	0.04	1.32	5.35	0.01	13.53	12.87	49.28	15.29	0.80
2014	1.57	0.06	1.03	4.02	0.01	13.00	15.56	50.96	13.75	0.04
2016	1.90	0.10	0.83	3.06	0.01	13.08	12.01	55.04	13.76	0.20
均值	3.42	0.11	2.65	6.34	0.03	14.62	24.09	36.46	12.15	0.13

数据来源:根据 UN Comtrade 数据库中的相关数据计算而得,精确到小数点后两位。

表 2-2 计算了以 SITC3.0 版 1 位数分类的各类商品占中对韩出口贸易额的比重,从中可以发现,这一时期中韩双边贸易中,第 7 类产品(机械与运输设备)所占比重最大,平均占这一时期中韩双边贸易的 31.70%,第 6 类产品(按原料分类的制成品)所占比重排在第 2 位,平均占这一时期中韩双边贸易的 26.28%,第 8 类产品(化杂项制成品类)所占比重排在第 3 位,平均占这一时期中韩双边贸易的 14.96%,上述三类产品合计占这一时期中韩贸易的 72.94%,即,这一时期中国对韩出口中有超过 70% 来自上述三类产品,与之对应的是,第 9 类产品(未分类其他商品)占这一时期历年中韩双边贸易的平均比重仅为 0.04%,第 4 类产品(动植物油脂)占这一时期历年中韩双边贸易的平均比重为 0.05%,第 1 类产品(饮料和烟草)占这一时期历年中韩双边贸易的平均比重为 0.26%,上述三类产品合计占这一时期历年中韩双边贸易的平均比重为 0.37%。

表 2-3 计算了以 SITC3.0 版 1 位数分类的各类商品占中国自韩出口贸易额的比重,从中可以发现,这一时期中国自韩国进口商品中,第 7 类产品(机械与运输设备)所占比重最大,平均占这一时期中韩双边贸易的 39.16%,第 6 类

产品(按原料分类的制成品)所占比重排在第 2 位,平均占这一时期中国自韩国进口商品的 23.07%,第 5 类产品(化学制品及有关产品)排在第 3 位,平均占这一时期中国自韩国进口商品的 18.54%,上述三类产品合计占这一时期中韩贸易的 80.77%,即,这一时期中国自韩国进口中有超过 80% 来自上述三类产品,与之对应的是,第 4 类产品(动植物油脂)占这一时期历年中国自韩国进口贸易的平均比重仅为 0.01%,第 1 类产品(饮料和烟草)占这一时期历年中国自韩国进口商品的平均比重为 0.02%,第 9 类产品(未分类其他商品)占这一时期历年中国自韩国进口贸易的平均比重为 0.17%,上述三类产品合计占这一时期历年中国自韩国进口贸易的平均比重为 0.2%,此外,第 0 类产品(食品和活动物)占这一时期历年中国自韩国进口的平均比重也未达到 1%,其历年均值约为 0.36%。

表 2-2　1992—2016 年部分中国对韩国出口商品结构　　　　单位:%

商品名称	第0类	第1类	第2类	第3类	第4类	第5类	第6类	第7类	第8类	第9类
1992	28.10	0.31	6.53	17.68	0.19	6.78	29.33	4.16	6.82	0.10
1994	17.04	0.71	6.44	11.68	0.07	8.24	30.15	8.24	17.20	0.20
1996	7.90	1.89	5.41	12.91	0.07	7.54	33.08	15.72	15.42	0.06
1998	10.87	0.16	4.52	11.61	0.06	7.72	26.89	23.80	14.35	0.02
2000	12.24	0.05	4.45	8.61	0.04	6.82	25.11	26.57	16.10	0.01
2002	11.48	0.08	2.97	7.30	0.04	6.56	22.09	28.68	20.78	0.00
2004	6.70	0.09	1.99	6.24	0.05	5.92	25.66	36.62	16.70	0.03
2006	5.50	0.05	2.07	5.18	0.04	6.83	30.61	35.29	14.43	0.01
2008	3.45	0.04	1.72	4.95	0.03	6.72	33.07	39.22	10.80	0.01
2010	4.33	0.05	1.71	2.87	0.05	8.04	23.16	46.48	13.30	0.01
2012	3.87	0.05	1.65	2.47	0.03	7.74	21.83	48.08	14.22	0.07
2014	3.96	0.07	1.45	2.12	0.03	7.90	20.94	48.08	15.51	0.01
2016	4.26	0.12	1.10	1.65	0.03	8.17	19.35	48.76	16.49	0.08
均值	8.82	0.26	3.26	7.24	0.05	7.38	26.28	31.70	14.96	0.04

数据来源:根据 UN Comtrade 数据库中的相关数据计算而得,精确到小数点后两位。

FTA 的贸易效应及其对推进全球经济的启示——以中韩 FTA 为例

表 2-3　1992—2016 年中国自韩国进口商品结构　　　　　　单位:%

商品名称	第0类	第1类	第2类	第3类	第4类	第5类	第6类	第7类	第8类	第9类
1992	0.35	0.01	6.62	2.71	0.00	20.56	49.62	17.31	2.81	0.00
1994	0.53	0.01	4.84	3.13	0.01	19.41	43.74	23.85	4.46	0.01
1996	0.46	0.00	4.88	3.39	0.01	20.00	39.97	25.55	5.71	0.02
1998	0.47	0.00	3.49	7.23	0.03	24.64	37.87	21.85	4.39	0.02
2000	0.47	0.01	2.63	8.68	0.02	22.11	31.38	30.84	3.83	0.04
2002	0.33	0.01	1.60	4.65	0.01	20.17	23.43	42.83	6.89	0.08
2004	0.27	0.02	1.17	5.16	0.01	16.70	16.77	43.25	16.51	0.14
2006	0.22	0.02	1.03	6.48	0.01	16.63	12.96	47.36	15.15	0.14
2008	0.25	0.01	1.24	8.87	0.01	17.53	10.92	45.09	15.93	0.14
2010	0.26	0.02	1.17	5.67	0.00	15.91	9.52	48.90	18.26	0.29
2012	0.29	0.02	1.14	6.84	0.01	16.54	8.21	49.92	15.85	1.18
2014	0.31	0.05	0.80	5.02	0.01	15.70	12.72	52.51	12.82	0.05
2016	0.51	0.02	0.67	3.89	0.02	15.97	7.68	58.75	12.16	0.28
均值	0.36	0.02	2.34	5.71	0.01	18.54	23.07	39.16	10.61	0.17

数据来源:根据 UN Comtrade 数据库中的相关数据计算而得,精确到小数点后两位。

通过上述对表 2-1、表 2-2 和表 2-3 的分析可以发现,第一,无论是中国对韩国出口、中国自韩国进口还是中韩双边贸易,均以第 7 类产品(机械与运输设备)、第 6 类产品(原料分类的制成品)、第 8 类产品(化杂项制成品类)、第 5 类产品(化学制品及有关产品)为主,与之对应的是,第 4 类产品(动植物油脂)、第 1 类产品(饮料和烟草)、第 9 类产品(未分类其他商品)等历年中韩双边贸易的比重较低;第二,相对于中国对韩出口的商品结构,中国自韩国进口的商品结构更加集中在少数的几类产品上。

基于表 2-1、表 2-2 和表 2-3,本书进一步将 10 大类产品按照技术密集度进行分类,第 0~4 类初级产品视为自然资源密集型产品,第 6、第 8 类和第 9 类制成品视为劳动力密集型产品,第 5 类与第 7 类制成品产品视为资本和技术密集型产品,进一步计算上述三类产品在历年中韩双边贸易中的占比重的变化情况,计算结果如图 2-2 所示。

根据图 2-2 的计算可以发现,第一,从进出口的角度来看,资本和技术密集型行业所占比重逐年上升,其所占比重由 1992 年的 24.99% 上升到 2016 年的 68.12%,与之对应的是,资源密集型行业和劳动密集型行业在中韩双边贸易中的比重均呈逐年下降的趋势,特别是资源密集型行业在中韩双边贸易中所占比重至2016年已下降到5.90%;第二,从中国对韩国出口来看,资本和技术密集型行业在中国对韩国出口中占比虽逐年上升,自2008年后,已超过劳动密集型行业在中国对韩国出口中所占的比重,成为中国对韩国出口的第一大类产品,劳动密集型行业占中国对韩国出口的比重排在第二位,但总体变化幅度不大,资源密集型行业在中国对韩国出口中所占比重呈逐年下降的趋势,至2016年,其所占比重已经不足10%;第三,从中国自韩国进口的情况来看,中国自韩国进口的产品中,资本和技术密集型行业所占比重排在第一位,且其所占比重逐年上升,至2016年,其在中国自韩国进口产品中的比重已达到74.72%,劳动密集型行业和资源密集型行业占中国自韩国进口产品的比重分列二、三位,但二者总体均呈下降趋势,至2016年,二者在中国自韩国进口中的比重合计不超过30%,特别是资源密集型行业占中国自韩国进口产品的比重已不足10%。

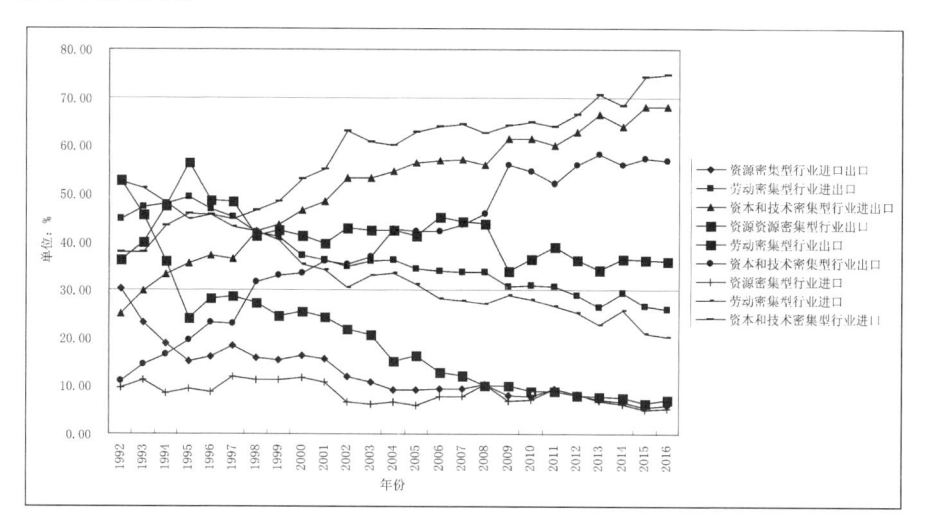

图2-2 1992—2016年不同技术密集型产品占中韩双边贸易比重

数据来源:根据UN Comtrade数据库中的相关数据计算而得。

在图2-2的基础上,图2-3进一步计算了这一时期中韩双边贸易中,不同技术密集度的行业的双边贸易的均值的变化,从中可以发现:第一,中韩双边贸易以资本和技术密集型行业为主,与之对应的是,资源密集型行业占历年中韩双边贸易的比重不足20%;第二,从中国对韩国出口来看,中国对韩国出口以劳动密集型行业为主,资本和技术密集型行业排在第二位,资源密集型行业所占比重最低;第三,从中国自韩国进口来看,中国自韩国进口以资本和技术密集型行业的产品为主,其占历年中国自韩国进口的比重平均达到了57.71%,与之对应的是,中国自韩国进口的资源密集型行业占历年中国自韩国进口的平均比重不足10%。上述中韩两国在双边贸易上所表现出来的差异,也体现了两国的比较优势不同。上述事实也从一个侧面说明了,从总体上看,中韩双边贸易的基础仍然是比较优势。

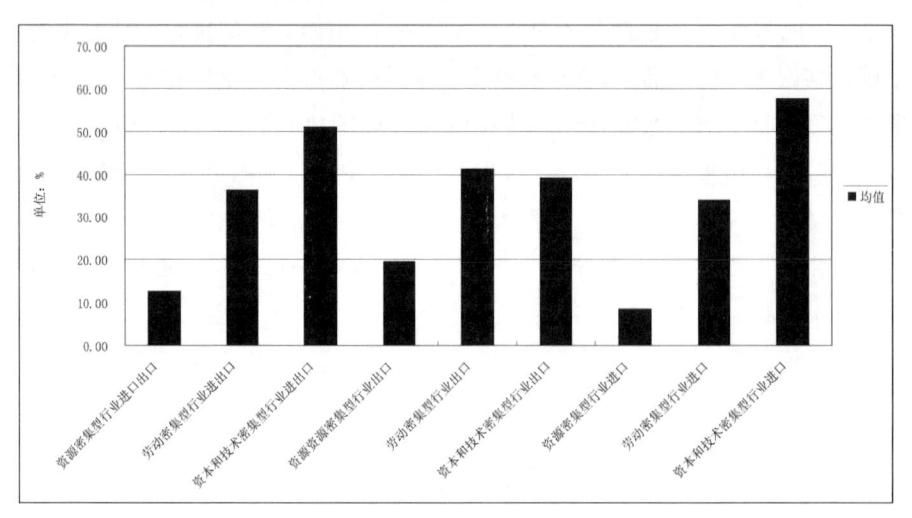

图 2-3　1992—2016 年不同技术密集型产品占中韩双边贸易比重均值

数据来源:根据 UN Comtrade 数据库中的相关数据计算而得。

二、中韩服务贸易商品结构分析

在这一部分中,本书根据 UN Comtrade 中服务贸易数据库的相关数据,对中韩两国服务贸易商品结构进行简要分析。

(一)中国服务贸易商品结构分析

表 2-4 计算了 2000—2016 年中部分年份中国服务贸易进出口商品结构的变化趋势,从中可以发现,第一,这一时期中国服务贸易进出口主要集中在旅游、运输和其他商业服务这三大业服务贸易上,上述三类服务贸易占到历年中国服务贸易出口的 80% 以上;第二,近年来,信息技术服务贸易在中国服务贸易进出口中的比重不断上升,与之对应的是,其他商业服务贸易在中国服务贸易进出口中的比重则呈下降趋势;第三,保险服务、金融服务、专利权服务等可

以被视为技术密集型行业的服务贸易,在这一时期中国服务贸易进出口中所占比重基本保持不变。

表2-4　2000—2016年中部分年份中国服务贸易进出口商品结构　　单位:%

	运输	旅游	通信	建筑	保险	金融	信息技术	专利权	其他商业服务	个人、文化、娱乐	政府服务
2000	21.12	44.06	2.38	2.40	3.87	0.26	0.93	2.20	22.00	0.07	0.69
2002	22.41	41.48	1.18	2.56	4.00	0.16	2.05	3.76	21.30	0.15	0.94
2004	26.60	33.04	0.74	2.04	4.73	0.17	2.10	3.44	26.32	0.16	0.66
2006	28.72	30.22	0.78	2.49	4.87	0.54	2.44	3.55	25.71	0.13	0.56
2008	29.00	25.16	1.01	4.80	4.62	0.29	3.08	3.56	27.76	0.22	0.52
2010	27.42	28.33	0.66	5.50	4.92	0.76	3.44	3.90	24.34	0.14	0.59
2012	26.40	32.16	0.73	3.36	5.06	0.81	3.87	3.98	23.06	0.15	0.43
2014	22.48	37.09	0.75	3.38	4.52	1.58	5.17	3.89	20.45	0.18	0.52
2016	17.81	47.57	0.86	3.29	2.64	0.44	6.58	3.91	15.75	0.45	0.68
均值	24.64	35.31	0.91	3.33	4.37	0.52	3.20	3.55	23.37	0.18	0.62

数据来源:根据UN Comtrade数据库中的相关数据计算而得,精确到小数点后两位。

表2-5计算了2000—2016年中部分年份中国服务贸易出口商品结构,从中可以发现,第一,中国服务贸易出口主要集中在旅游、其他商业服务和运输这三类服务贸易上,上述三类服务贸易占历年中国服务贸易出口的85%以上,与之对应的是,政府服务、个人、文化、娱乐服务、专利权服务和金融服务所占比重均不足1%,这4类服务贸易出口合计占历年中国服务贸易出口的1.79%,上述事实也说明了,中国服务贸易出口结构相对集中;第二,从各类服务贸易出口占历年中国服务贸易出口比重的变化趋势上看,作为中国第一大服务贸易出口项目,旅游服务贸易在这一时期所占比重呈下降趋势,通信服务贸易所占比重同样呈下降趋势,与之对应的是,运输、其他商业服务、信息技术服务、保险、金融等各类服务贸易所占比重呈上升趋势,上述事实说明了,随着中国服务业的发展和技术水平的提高,中国服务贸易出口正在朝着多元化的方向发展,服务贸易出口结构的集中程度在不断下降。

表 2-5   2000—2016 年中部分年份中国服务贸易出口商品结构   单位:%

	运输	旅游	通信	建筑	保险	金融	信息技术	专利权	其他商业服务	个人、文化、娱乐	政府服务
2000	12.06	53.32	4.42	1.98	0.35	0.26	1.17	0.30	25.17	0.04	0.93
2002	14.39	51.29	1.38	3.14	0.53	0.13	1.61	0.33	26.21	0.07	0.91
2004	18.59	39.65	0.85	2.26	0.59	0.14	2.52	0.36	34.38	0.06	0.58
2006	22.84	36.90	0.80	2.99	0.60	0.16	3.21	0.22	31.49	0.15	0.63
2008	26.11	27.76	1.07	7.02	0.94	0.21	4.25	0.39	31.50	0.28	0.45
2010	21.10	28.25	0.75	8.94	1.06	0.82	5.71	0.51	32.19	0.08	0.59
2012	20.33	26.13	0.94	6.40	1.74	0.99	7.55	0.55	34.80	0.07	0.52
2014	18.00	26.78	0.91	7.23	2.15	2.13	9.49	0.32	32.42	0.07	0.50
2016	18.20	23.90	1.11	6.81	2.19	1.34	13.60	0.62	31.17	0.40	0.65
均值	18.89	35.44	1.15	5.13	1.17	0.62	5.19	0.37	31.24	0.14	0.66

数据来源:根据 UN Comtrade 数据库中的相关数据计算而得,精确到小数点后两位。

从 2000—2016 年中部分年份中国服务贸易进口商品结构的变化来看,根据表 2-6 的计算结果可以看出,第一,旅游、运输和其他商业服务这三类服务,同样占据了中国服务贸易进口的前三位,上述三类服务贸易进口占这一时期中国服务贸易进口的平均比重为 80.98%,也就是说,这一时期中国服务贸易进口中有 4/5 来自上述三类服务;第二,旅游服务贸易进口所占比重呈先下降后上升的变化趋势,这种趋势,可能与中国近年来的出境旅游热密切相关,与之对应的是,运输、其他商业服务、建筑、保险等服务贸易进口所占比重总体呈下降趋势;第三,信息技术服务贸易进口在各年中所占比重呈逐步上升的趋势,说明这一时期信息技术服务贸易在中国服务贸易进口中的地位日益重要。

表 3-6   2000—2016 年中部分年份中国服务贸易进口商品结构   单位:%

	运输	旅游	通信	建筑	保险	金融	信息技术	专利权	其他商业服务	个人、文化、娱乐	政府服务
2000	28.75	36.27	0.67	2.75	6.83	0.27	0.73	3.81	19.33	0.10	0.48
2002	29.26	33.09	1.01	2.07	6.98	0.19	2.43	6.69	17.10	0.21	0.96
2004	33.75	27.14	0.65	1.84	8.42	0.19	1.72	6.18	19.13	0.24	0.73
2006	34.09	24.12	0.76	2.03	8.76	0.88	1.72	6.58	20.44	0.12	0.50
2008	31.67	22.75	0.95	2.75	8.02	0.36	1.99	6.49	24.29	0.16	0.58
2010	32.72	28.39	0.59	2.62	8.15	0.72	1.53	6.75	17.75	0.19	0.59

(续表)

	运输	旅游	通信	建筑	保险	金融	信息技术	专利权	其他商业服务	个人、文化、娱乐	政府服务
2012	30.54	36.27	0.59	1.29	7.33	0.68	1.37	6.31	15.06	0.20	0.37
2014	24.95	42.77	0.66	1.26	5.83	1.28	2.79	5.87	13.85	0.23	0.53
2016	17.65	57.20	0.76	1.86	2.83	0.08	3.72	5.25	9.47	0.47	0.70
均值	29.32	33.94	0.72	2.09	6.99	0.49	1.95	5.99	17.72	0.20	0.60

数据来源：根据UN Comtrade数据库中的相关数据计算而得，精确到小数点后两位。

(二)韩国服务贸易商品结构分析

表2-7计算了2000—2016年中部分年份韩国服务贸易进出口商品结构的变化，从中可以发现，第一，从历年均值来看，排在这一时期韩国服务贸易进出口结构的前三位的是运输、其他商业服务和旅游这三类服务，上述三类服务占这一时期各年韩国服务贸易出口的80%，其中，运输服务贸易作为这一时期韩国第一大服务贸易进出口产品，其所占比重的均值达到了36.12%，与之对应的是，保险、信息技术和个人、文化、娱乐服务在这一时期韩国服务贸易出口中所占比重均不足1%，这一时期上述三类服务贸易合计占韩国服务贸易进出口的比重为2.13%；第二，从韩国各服务行业变化趋势来看，运输、旅游和其他商业服务这三类服务贸易在韩国服务贸易进出口中所占比重总体呈下降趋势，与之对应的是，专利权服务和信息技术服务在这一时期韩国服务贸易进出口中所占比重总体呈上升趋势，说明近年来，以信息技术为代表的技术密集型服务贸易对韩国服务贸易的重要性日益提高。

表2-7 2000—2016年部分年份中韩国服务贸易进出口商品结构 单位：%

	运输	旅游	通信	建筑	保险	金融	信息技术	专利权	其他商业服务	个人、文化、娱乐	政府服务
2000	38.10	21.51	1.56	1.73	0.33	1.38	0.16	5.91	27.00	0.46	1.87
2002	35.90	24.01	1.56	3.83	0.89	1.12	0.21	6.75	22.86	0.69	2.19
2004	42.70	19.57	1.15	3.35	0.64	1.29	0.19	5.90	22.62	0.54	2.05
2006	38.56	19.41	1.30	6.55	0.89	2.43	0.67	5.28	22.25	0.82	1.84
2008	43.62	15.43	1.00	8.72	0.65	2.39	0.47	4.30	21.51	0.76	1.15
2010	39.01	16.47	1.30	8.08	0.79	2.02	0.56	7.00	23.07	0.59	1.11
2012	34.34	16.20	1.18	10.97	0.61	1.95	0.70	5.95	26.36	0.69	1.04
2014	30.39	17.98	1.08	10.27	0.68	1.40	1.61	6.89	27.95	0.80	0.96
2016	22.48	36.84	1.03	5.55	0.62	1.48	2.46	6.69	21.07	0.76	1.02
均值	36.12	19.80	1.26	6.94	0.70	1.73	0.75	6.19	24.32	0.68	1.52

数据来源：根据UN Comtrade数据库中的相关数据计算而得，精确到小数点后两位。

表 2-8 计算了 2000—2016 年韩国服务贸易出口商品结构的变化趋势,从中可以得出以下几个结论。第一,运输服务贸易作为韩国第一大服务贸易出口项目,其占这一时期各年韩国服务贸易出口的比重达到了 41.12%,也就是说,韩国各年服务贸易出口中,有超过 40% 来自运输服务贸易的出口,其他商业服务和旅游分列二、三位,三者合计占这一时期各年韩国服务贸易出口的平均比重为 77.02%;第二,从这一时期韩国服务贸易出口商品结构的变化趋势上看,建筑、信息技术、专利权和个人、文化、娱乐这 4 类服务贸易出口在韩国服务贸易出口中所占比重呈上升趋势,与之对应的是,运输、旅游、政府服务等服务贸易出口在韩国服务贸易出口中所占比重总体呈下降趋势,这也说明了,技术密集型服务贸易出口在韩国服务贸易出口中的重要性日益提升。

从韩国服务贸易进口商品结构来看,根据表 2-9 的计算结果,第一,运输、其他商业服务和旅游作为这一时期韩国服务贸易进口的前三类服务产品,其占这一时期韩国服务贸易进口中的平均比重达到了 83.23%,与之对应的是,保险、信息技术和个人、文化、娱乐服务这三类服务贸易进口占这一时期韩国服务贸易进口的比重平均不足 1%,分别为 0.93%、0.69% 和 0.76%,三者合计为 2.38%;第二,从变化趋势上看,旅游、建筑、金融、信息技术三类服务贸易进口占这一时期韩国服务贸易进口的比重总体呈上升趋势,运输、通信服务贸易占韩国服务贸易进口的比重总体呈下降趋势。

表 2-8　2000—2016 年中部分年份韩国服务贸易出口商品结构　　　　单位:%

	运输	旅游	通信	建筑	保险	金融	信息技术	专利权	其他商业服务	个人、文化、娱乐	政府服务
2000	43.20	21.57	1.22	2.95	0.22	2.22	0.03	2.94	22.72	0.43	2.49
2002	42.76	19.20	1.22	7.06	0.12	2.25	0.06	3.92	19.43	0.60	3.37
2004	51.02	13.74	1.01	6.02	0.31	2.45	0.06	3.57	18.40	0.29	3.12
2006	45.47	10.20	1.13	12.34	0.48	4.48	0.44	3.60	18.55	0.65	2.66
2008	49.42	10.79	0.80	15.11	0.51	4.18	0.34	2.63	14.31	0.58	1.33
2010	45.22	11.98	0.97	13.90	0.60	1.91	0.50	3.70	19.58	0.46	1.18
2012	37.35	12.11	0.79	17.78	0.44	1.66	0.83	3.52	23.80	0.61	1.11
2014	31.32	14.71	0.74	15.97	0.66	1.18	2.01	4.26	27.44	0.76	0.94
2016	24.40	31.77	1.03	10.11	0.57	1.61	3.33	6.11	19.06	1.04	0.95
均值	41.12	15.10	0.98	11.81	0.43	2.48	0.79	3.91	20.80	0.59	1.98

数据来源:根据 UN Comtrade 数据库中的相关数据计算而得,精确到小数点后两位。

表 2-9　2000—2016 年韩国服务贸易进口商品结构　　　单位：%

	运输	旅游	通信	建筑	保险	金融	信息技术	专利权	其他商业服务	个人、文化、娱乐	政府服务
2000	33.24	21.46	1.87	0.56	0.44	0.58	0.28	8.75	31.07	0.48	1.28
2002	30.22	27.99	1.83	1.15	1.53	0.19	0.33	9.09	25.69	0.76	1.21
2004	35.35	24.73	1.27	0.98	0.92	0.25	0.31	7.96	26.35	0.75	1.11
2006	32.97	26.87	1.44	1.86	1.22	0.78	0.85	6.63	25.24	0.96	1.18
2008	38.17	19.79	1.19	2.71	0.77	0.72	0.59	5.87	28.28	0.93	0.97
2010	33.08	20.75	1.61	2.55	0.98	2.12	0.61	10.15	26.39	0.71	1.05
2012	30.99	20.75	1.63	3.38	0.80	2.29	0.57	8.66	29.21	0.77	0.96
2014	29.34	21.69	1.45	3.81	0.69	1.65	1.16	9.86	28.52	0.85	0.98
2016	20.87	41.08	1.04	1.75	0.66	1.37	1.74	7.16	22.76	0.51	1.07
均值	31.61	24.10	1.53	2.31	0.93	1.09	0.69	8.34	27.52	0.76	1.12

数据来源：根据 UN Comtrade 中数据库中的相关数据计算而得，精确到小数点后两位。

三、小结

通过上述从中韩双边货物贸易商品结构和中韩两国服务贸易商品结构的对比分析，可以发现中韩货物贸易和服务贸易的变化呈现以下几个特点。

第一，在中韩两国双边贸易商品结构上，中韩双边贸易以资本和技术密集型行业为主，中国对韩国的出口以劳动密集型行业的产品为主，中国自韩国的进口以资本和技术密集型行业的产品为主。

第二，从中国服务贸易商品结构的变化来看，中国服务贸易出口主要集中在旅游、其他商业服务和运输这三类服务贸易上，信息技术服务贸易进口在各年中所占比重呈逐步上升的趋势；中国服务贸易进口主要集中在旅游、运输和其他商业服务这三类服务上，运输、其他商业服务、建筑、保险等服务贸易进口所占比重总体呈下降趋势。

第三，从韩国服务贸易商品结构的变化来看，运输服务贸易是韩国第一大服务贸易出口项目，建筑、信息技术、专利权和个人、文化、娱乐这 4 类服务贸易出口在韩国服务贸易出口中所占比重呈上升趋势，运输、旅游、政府服务等服务贸易出口在韩国服务贸易出口中所占比重总体呈下降趋势；从韩国服务贸易进口商品结构来看，运输、其他商业服务和旅游是这一时期韩国服务贸易进口的前三类服务产品,旅游、建筑、金融、信息技术四类服务贸易进口占这一时期韩国服务贸易进口的比重总体呈上升趋势,运输、通信服务贸易占韩国服务贸易进口的比重总体呈下降趋势。

上述三个特点,也可以从一个侧面说明,在货物贸易领域,中国的比较优势集中在劳动密集型产品上,韩国的比较优势集中在资本和技术密集型产品上;在服务贸易领域,中国服务贸易的比较优势主要集中在资源和劳动密集型服务贸易上,但近年在技术密集型服务贸易产品上的比较优势有一定的提高,韩国的比较优势主要集中在资本密集和技术密集型服务产品上。

第二节 中韩双边贸易强度指数分析

针对中韩贸易强度进行分析,所采用的分析方法为贸易强度指数法。这种方法是对贸易强度进行综合性比较而获得的指数化数据,通过对所获得的指数进行比较,就可以明确中韩贸易强度。

中韩开展自由贸易活动,对贸易强度进行分析是非常必要的,如果仅仅采用定性分析的方法,就难以对两国的贸易强度以准确定位,因此在定性分析的同时,还要采用量化分析的方法,以量化指标对中韩贸易强度进行分析,就可以获得贸易强度的准确结果。

一、中韩贸易强度的测算指标和数据来源

(一)测算指标

关于国际贸易强度的分析,采用的是贸易强度指数(贸易结合度指数)。1949 年,著名的经济学家 A. J. Brown 提出这一理论,经过 K. Kojina(1964)等人的完善,作为比较综合性指标,目前主要对国家之间的贸易关系进行衡量。国内学者中,周茂荣和杜莉(2006)曾使用该指标对中美双边货物贸易互补性问题进行了研究,朱晶和陈晓艳(2006)使用该指标对中印农产品贸易的互补性和贸易潜力进行了分析等。

具来而言,贸易强度指数包括进口贸易强度指数和出口贸易强度指数,国

际贸易强度指数计算公式为：

$$\mathrm{TII}_x = \frac{(\dfrac{X_{ij}}{X_i})}{(\dfrac{M_j}{M_w - M_i})} \qquad (2\text{-}1)$$

$$\mathrm{TII}_m = \frac{(\dfrac{M_{ij}}{M_i})}{(\dfrac{X_j}{X_w - X_i})} \qquad (2\text{-}2)$$

计算公式中各变量的含义如下。

TII_x 表示 i 国对 j 国的出口强度指数，TII_m 表示 i 国对 j 国的进口强度指数，X_{ij} 为 i 国对 j 国的出口额，M_{ij} 为 i 国对 j 国的进口额，X_i 为 i 国的出口额，M_i 为 i 国的出口额，X_j 为 j 国的出口额，M_j 为 j 国的进口额，X_w 为世界出口额，M_w 为世界进口额。

当贸易强度指数（TII）≤1时，意味着 i 国与 j 国之间所建立经济贸易紧密程度低于两个国家分别与其他国家所建立的贸易往来；反之，当贸易强度指数（TII）≥1时，意味着 i 国与 j 国之间所建立经济贸易紧密程度高于两个国家分别与其他国家所建立的贸易往来。贸易强度指数越大，说明双边贸易联系越紧密；反之，双边贸易联系越疏远。

（二）相关数据来源

在数据来源方面，本书测算中韩双边贸易强度的数据来自联合国商品贸易统计数据库（UN Comtrade），所计算的时间为1992—2016年。

二、计算结果及分析

根据公式（2-1）和（2-2），图2-4计算了1992—2016年中韩双边贸易强度指数的变化趋势。通过对上表进行分析，可以得出以下结论。

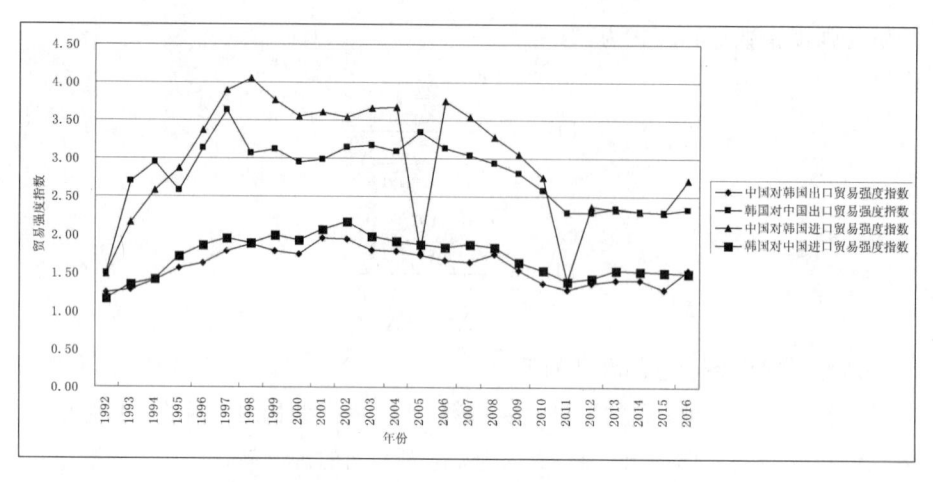

图 2-4　1992—2016 年中韩双边贸易强度指数分析

数据来源：根据 UN Comtrade 中数据库中的相关数据计算而得。

首先，从两国的出口强度和进口强度来看，中国对韩国的出口强度和进口强度，韩国对中国的出口强度和进口强度，这四项指数都大于 1。这就说明，中国对韩国的出口额度是相对较高的，在中国出口的总额度中占有一定的份额，且要比韩国在世界市场中进口的额度要高一些。韩国对中国的出口额度在韩国出口的总额度中要占有一定的比重，且要高于中国在世界市场中所进口的额度。将中国与韩国的进口总额度相比较，在中国的进口总额度中，中国对韩国的进口总额度要高一些，韩国对中国的进口额度也占有较高的份额，高于在世界市场中的进口额度。这些贸易活动成果都足以说明，中国与韩国之间存在着密切的贸易往来，而且以地缘优势、文化优势可以成为重要的经贸伙伴关系。

其次，针对中国与韩国之间的出口强度指数进行分析，中国对韩国、韩国对中国的出口强度指数变化、中国对韩国、韩国对中国的进口强度指数变化都存在着一定的规律性。中国对韩国出口强度指数均大于 1，韩国对中国进口强度指数均大于 1，但是都没有超过 2，仅在 1 与 2 之间上下浮动。中国对韩国进口强度指数均超过 3，韩国对中国出口强度指数均超过 3，甚至部分强度指数已经超过了 4。这就足以说明，在经济贸易上，韩国与中国之间存在着较强的往来关系，韩国主要依赖于中国的出口市场，中国主要依赖于韩国的进口市场，且依赖的强度有所增加。出现这种现象的原因在于，中国与韩国之间存在着长期性的贸易逆差。

再次,中国与韩国之间的贸易往来过程中,无论是进口强度指数,还是出口强度指数,多年以来的变动情况都存在着相似性,都是倒"U"型曲线。从中国与韩国1992年建交以来的贸易关系来看,建交5年双方的贸易关系就已经达到了顶峰。虽然经历了1997年的亚洲金融危机,但是,并没有因此而影响中国与韩国之间的贸易关系。从发展趋势上来看,虽然受到亚洲经济危机的影响而呈现出贸易强度指数下降的趋势,但是,贸易往来的密切程度已然高于两国与世界其他国家之间所建立的贸易关系。

通过采用量化分析的方法针对中国与韩国之间的出口强度指数进行分析,可以明确中国与韩国合作建立自由贸易区存在着很大的优势。两国在贸易上存在着互补性,这是两国合作进行自由贸易往来的主要原因。从中国与韩国的出口强度和进口强度来看,中国对韩国的出口强度和进口强度,韩国对中国的出口强度和进口强度,这四项指数都大于1。针对中国与韩国之间的出口强度指数进行分析,中国对韩国出口强度指数均大于1,韩国对中国进口强度指数均大于1,但是都没有超过2,这就说明中国与韩国在进出口贸易方面存在着优势互补性。中国与韩国之间存在着经济资源的互补性,包括能源、矿产、生物资源方面等,中国的相关资源比较丰富。韩国具有丰富的森林资源。韩国的工业原料主要依赖于进口,但丰富的森林资源却是中国所不及的。中国与韩国之间的资源互补,可以降低资源成本,创造更高的合作效益。中国与韩国之间的科技资源也存在着互补性。

在图2-4的基础上,图2-5进一步计算了这一时期中韩双边贸易强度的均值,从中可以发现,第一,上述4个指数的均值均大于1,说明从这一时期的情况来看,这一时期中韩之间所建立经济贸易紧密程度高于两个国家分别与其他国家所建立的贸易往来紧密程度,第二,双边贸易中国对韩国进口的贸易强度指数最高,说明与中国与韩国在中国自韩国进口方面上更加密切。

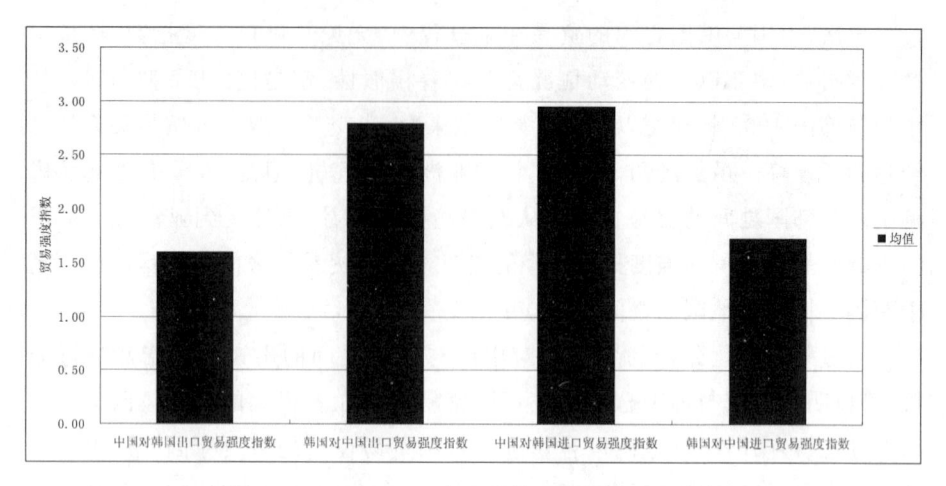

图 2-5 1992—2016 年中国韩双边贸易强度均值

数据来源:根据 UN Comtrade 中数据库中的相关数据计算而得。

根据图 2-4 和图 2-5,也进一步说明了中国在科技领域中的优势在于基础研究领域,尖端技术发展迅速。韩国的产业加工技术较强,技术开放能力是中国所不及的。中国的科技专业人才资源丰富,可以投入技术研发中,人力资本相对较低,而韩国的科研资金充足,两个国家合作进行技术开发,可以发挥各自的优势而促进技术进步,由此而获得较高的经济效益,这也从一个侧面说明了,中韩两国建立双边 FTA 是有着较强的经济基础的。

第三节 中韩双边贸易竞争力分析

在这一部分中,本书将对中韩贸易的竞争力进行简要分析,与前文对中韩贸易商品结构的分析相类似,在这一部分中,本书同样从货物贸易和服务贸易两个方面对中韩贸易的竞争力进行分析。

一、中韩贸易竞争力的测算方法和数据来源

(一)中韩贸易竞争力的测算方法

在中韩双边贸易竞争力的分析中,本书主要采用 TC 指数来分析中韩两

国贸易竞争力的情况。

竞争优势指数(trade competitive index)"贸易竞争力指数""贸易专业化系数",常用来分析两个国家某一产业部门在国际上的竞争优势,其公式表示如下。

$$TC_i^j = \frac{X_i^j - M_i^j}{X_i^j + M_i^j} \tag{2-3}$$

其中,X_i^j 为 i 国 j 商品的出口额;M_{ij} 为 i 国 j 商品的出口额;竞争优势指数(TC_i^j)的取值范围为:$-1 \leqslant TC_i^j \leqslant 1$。

具体的来看,当 $-1 \leqslant TC_i^j < -0.6$ 的时候,就意味着这个国家的产品在国际贸易中处于极强的竞争劣势;当 $-0.6 \leqslant TC_i^j < -0.3$ 的时候,就意味着这个国家的产品在国际贸易中处于较大的竞争劣势;当 $-0.3 \leqslant TC_i^j < 0$ 的时候,就意味着这个国家的产品在国际贸易中处于较弱的竞争劣势;当 $0 \leqslant TC_i^j < 0.3$ 的时候,就意味着这个国家的产品在国际贸易中处于微弱的竞争优势;当 $0.3 \leqslant TC_i^j < 0.6$ 的时候,就意味着这个国家的产品在国际贸易中具有较强的竞争优势;当 $0.6 \leqslant TC_i^j \leqslant 1$ 的时候,就意味着这个国家的产品在国际贸易中具有极强的竞争优势。

(二)数据来源

在这一部分中,计算中韩货物贸易和服务贸易竞争力的数据均来自 UN Comtrade 数据库。其中,货物贸易的相关数据的起止年份为1992至2016年,服务贸易的相关数据的起止年份为2000至2016年。

二、中韩货物贸易竞争力分析

根据公式(2-3),本书对出口商品的竞争优势数值进行计算,与前文类似,本书在此基于 SITC 3.0 版的 1 位数分类,首先分别对中韩两国 1992—2016 年的 TC 进行分析,其次,在此基础上,进一步从双边贸易的角度,来分析中韩两国在双边贸易中各自的比较优势和竞争力,最后,再将中韩两国贸易分为资源密集型行业、劳动密集型行业、资本和技术密集型行业,进一步分析上述三类行业的竞争力情况,同样是分析中国、韩国和中韩双边贸易的情况。

表 2-10 计算了 1992—2016 年中部分年份中国贸易竞争力指数变化情况,从中可发现,第一,从整体情况来看,中国对外贸易整体的国际竞争力是不断

提升的,中国对外贸易整体竞争力由1992年的0.03上升到2016年的0.14,表现出较弱的国际竞争力;第二,从各行业的国际竞争来看,中国具有国际竞争力的行业主要集中在第8类产品(杂项制成品类)、第0类产品(食品和活动物)和第1类产品(饮料和烟草)上,其中,只有第8类产品(杂项制成品类)表现出较强的国际竞争力,其余各行业虽表现出一定的国际竞争力,但国际竞争力较弱,与之对应的是,中国在第2类产品(非食用原料)和第4类产品(动植物油脂)上TC指数的均值不仅为负,且大于-0.6,表现出极弱的国际竞争力;第三,从这一时期中国各行业国际竞争力的变化来看,第6类产品(原料分类的制成品)的国际竞争力增强较快,与之对应的是,第2类产品(非食用原料)、第3类产品(矿物原料及润滑油)和第9类产品(未分类其他商品)的国际竞争呈恶化的态势。

表2-10　1992—2016年中部分年份中国货物贸易竞争力指数变化情况

	整体	第0类	第1类	第2类	第3类	第4类	第5类	第6类	第7类	第8类	第9类
1992	0.03	0.45	0.50	-0.30	0.14	-0.58	-0.44	-0.09	-0.40	0.72	-0.19
1994	0.02	0.52	0.87	-0.29	0.00	-0.57	-0.32	-0.09	-0.40	0.76	-0.39
1996	0.04	0.29	0.46	-0.45	-0.07	-0.64	-0.34	-0.05	-0.22	0.74	-0.61
1998	0.13	0.47	0.69	-0.51	-0.13	-0.66	-0.32	0.02	-0.06	0.78	-0.99
2000	0.05	0.44	0.34	-0.64	-0.45	-0.79	-0.43	0.01	-0.05	0.74	-0.54
2002	0.05	0.47	0.43	-0.68	-0.39	-0.89	-0.44	0.04	-0.04	0.67	-0.41
2004	0.03	0.35	0.38	-0.81	-0.54	-0.93	-0.43	0.15	0.03	0.51	-0.16
2006	0.10	0.44	0.07	-0.83	-0.67	-0.83	-0.32	0.34	0.12	0.54	0.07
2008	0.12	0.40	-0.11	-0.87	-0.68	-0.89	-0.20	0.42	0.21	0.55	-0.44
2010	0.06	0.31	-0.12	-0.90	-0.75	-0.92	-0.26	0.31	0.17	0.54	-0.85
2012	0.06	0.19	-0.26	-0.90	-0.82	-0.92	-0.22	0.39	0.19	0.59	-0.96
2014	0.09	0.11	-0.29	-0.80	-0.86	-0.78	-0.14	0.40	0.19	0.63	-0.95
2016	0.14	0.11	-0.27	-0.88	-0.74	-0.85	-0.15	0.48	0.20	0.62	-0.86
均值	0.07	0.36	0.20	-0.69	-0.47	-0.79	-0.31	0.17	0.00	0.65	-0.53

数据来源:根据UN Comtrade数据库中的相关数据计算而得,精确到小数点后两位。

表2-11计算了1992—2016年中部分年份韩国贸易竞争力指数变化情况,从中可以发现,第一,总体来看,这一时期韩国对外贸易表现出极弱的国际竞争力,其在这一时期TC指数的均值仅为0.03,第二,这一时期韩国国际竞争力整体呈上升趋势,其整体国际竞争力由1992年的-0.03上升到2016年的

0.10；第三，从各行业的情况来看，韩国具有国际竞争力的行业主要集中在第 5 类产品（化学制品及有关产品）、第 6 类产品（按原料分类的制成品）、第 7 类产品（机械与运输设备）和第 8 类产品（杂项制成品类）上，但也都是只具有较弱的国际竞争力，与之对应的是，韩国在第 0 类产品（食品和活动物）、第 2 类产品（非食用原料）、第 3 类产品（矿物原料及润滑油）和第 4 类产品（动植物油脂）这 4 类产品上则只有极弱的国际竞争力；第四，从各行业国际竞争力的变化趋势上看，这一时期韩国在第 1 类产品（饮料和烟草）和第 7 类产品（机械与运输设备）上的国际竞争力变化较快。

表 2-11　1992—2016 年中部分年份韩国货物贸易竞争力指数变化情况

	整体	第0类	第1类	第2类	第3类	第4类	第5类	第6类	第7类	第8类	第9类
1992	−0.03	−0.32	−0.52	−0.77	−0.79	−0.95	−0.26	0.22	0.06	0.51	−0.29
1994	−0.03	−0.35	−0.55	−0.74	−0.80	−0.95	−0.21	0.18	0.11	0.25	−0.17
1996	−0.07	−0.45	−0.52	−0.74	−0.73	−0.88	−0.18	0.13	0.11	0.01	−0.04
1998	0.17	−0.31	−0.24	−0.65	−0.60	−0.82	0.05	0.44	0.35	0.31	0.23
2000	0.04	−0.46	−0.43	−0.69	−0.60	−0.89	0.01	0.25	0.26	0.02	−0.19
2002	0.03	−0.57	−0.33	−0.70	−0.66	−0.88	−0.01	0.17	0.30	−0.12	−0.29
2004	0.06	−0.58	−0.06	−0.69	−0.65	−0.92	0.09	0.36	−0.15	−0.08	
2006	0.03	−0.66	0.01	−0.71	−0.61	−0.93	0.07	0.05	0.35	0.00	−0.13
2008	−0.02	−0.69	−0.04	−0.69	−0.58	−0.92	0.08	−0.04	0.34	0.13	0.03
2010	0.05	−0.61	0.08	−0.69	−0.58	−0.91	0.09	0.04	0.36	0.20	0.32
2012	0.03	−0.62	0.18	−0.67	−0.53	−0.88	0.14	0.38	0.07	−0.08	
2014	0.04	−0.65	0.16	−0.69	−0.54	−0.89	0.18	0.13	0.07	−0.08	
2016	0.10	−0.63	0.21	−0.64	−0.50	−0.88	0.16	0.15	0.34	−0.03	0.12
均值	0.03	−0.53	−0.16	−0.70	−0.63	−0.90	0.01	0.15	0.29	0.10	−0.05

数据来源：根据 UN Comtrade 数据库中的相关数据计算而得，精确到小数点后两位。

在表 2-10 和表 2-11 的基础上，本书进一步研究了在中韩双边贸易中，1992—2016 年中的部分年份中国的贸易竞争力，计算结果如表 3-12 所示。

根据表 2-12（1992—2016 年中韩双边贸易竞争力指数变化情况）的计算结果，可以发现，在中韩双边贸易中，中国的国际竞争力的变化呈现以下几个特点。第一，这一时期中国整体 TC 指数为负，说明这一时期中国在中韩双边贸易中处于比较劣势的地位，且这种比较劣势的地位呈现出先下降后上升的变化特点。第二，中国整体上仅在第 0 类产品（食品和活动物）、第 1 类产品

(饮料和烟草)和第4类产品(动植物油脂)上具有一定的国际竞争力,与之对应的是,中国在其他7类产品上均不具有国际竞争力,上述事实也从一个侧面说明了,中国在中韩双边贸易中,比较优势主要在资源和劳动密集型产品上。第三,中国在第6类产品(按原料分类的制成品)、第7类产品(机械与运输设备)和第8类产品(杂项制成品类)上的国际竞争力上升较快,与之对应的是,在第3类产品(矿物原料及润滑油)上的国际竞争力下降较快,这也从一个侧面说明了,这一时期中国在中韩双边贸易的比较优势发生了变化,近年来在部分资本和技术密集型产品上具有一定的比较优势,但在部分资源密集型产品上,已由此前的具有比较优势变为具有比较劣势。

表2-12 1992—2016年中部分年份中韩货物双边贸易竞争力指数变化情况

	整体	第0类	第1类	第2类	第3类	第4类	第5类	第6类	第7类	第8类	第9类
1992	−0.04	0.97	0.95	−0.05	0.71	0.98	−0.54	−0.30	−0.64	0.38	0.94
1994	−0.25	0.90	0.94	−0.11	0.38	0.59	−0.59	−0.41	−0.66	0.40	0.82
1996	−0.25	0.82	0.99	−0.20	0.39	0.65	−0.63	−0.34	−0.46	0.24	0.32
1998	−0.41	0.81	0.88	−0.30	−0.20	−0.04	−0.77	−0.54	−0.38	0.15	−0.47
2000	−0.35	0.85	0.62	−0.10	−0.35	0.10	−0.74	−0.64	−0.41	0.34	−0.73
2002	−0.30	0.90	0.54	0.00	−0.08	0.19	−0.70	−0.32	−0.47	0.24	−0.98
2004	−0.38	0.83	0.43	−0.14	−0.30	0.46	−0.73	−0.19	−0.45	−0.38	−0.84
2006	−0.34	0.85	0.24	0.00	−0.43	0.47	−0.66	0.08	−0.46	−0.36	−0.90
2008	−0.21	0.80	0.16	−0.05	−0.46	0.79	−0.60	0.33	−0.27	−0.18	−0.87
2010	−0.34	0.79	−0.02	−0.16	−0.60	0.77	−0.60	0.09	−0.36	−0.47	−0.97
2012	−0.32	0.75	−0.20	−0.14	−0.68	0.41	−0.61	0.16	−0.33	−0.36	−0.94
2014	−0.31	0.74	−0.14	−0.02	−0.64	0.36	−0.58	−0.07	−0.35	−0.22	−0.79
2016	−0.26	0.66	0.10	−0.02	−0.60	0.77	−0.54	0.20	−0.34	−0.11	−0.72
均值	−0.30	0.82	0.41	−0.10	−0.25	0.54	−0.64	−0.14	−0.43	−0.06	−0.49

数据来源:根据UN Comtrade数据库中的相关数据计算而得,精确到小数点后两位。

在表2-10、表2-11和表2-12的基础上,本书将10类产品合并成资源密集型产品、劳动密集型产品、资本和技术密集型产品三大类,进一步分析这一时期中韩两国在上述三大类产品上的国际竞争力的变化情况趋势,计算结果如图2-6所示。在图2-6的基础上,进一步计算了这一时期在中韩双边贸易中,不同技术密集度的行业TC指数的均值,计算结果如图2-7所示。

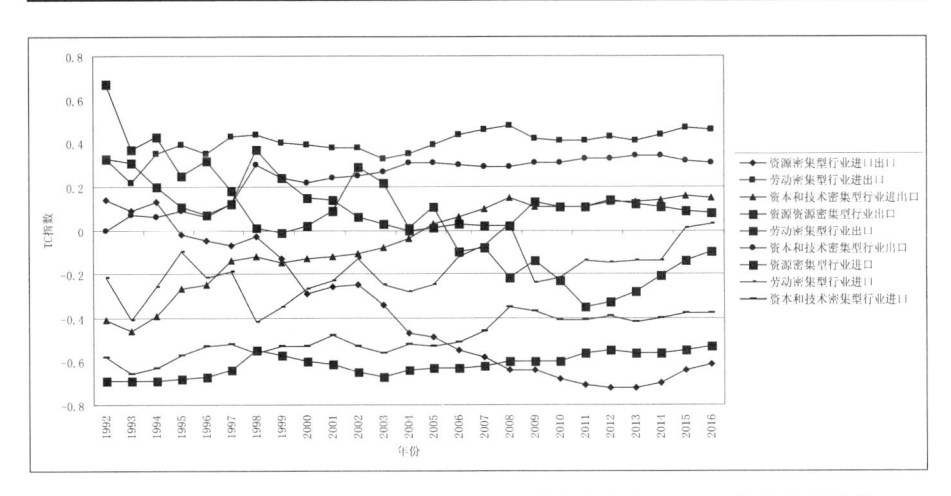

图 2-6　1992—2016 年中韩双边贸易中不同技术密集度行业 TC 指数变化趋势

数据来源：根据 UN Comtrade 数据库中的相关数据计算而得。

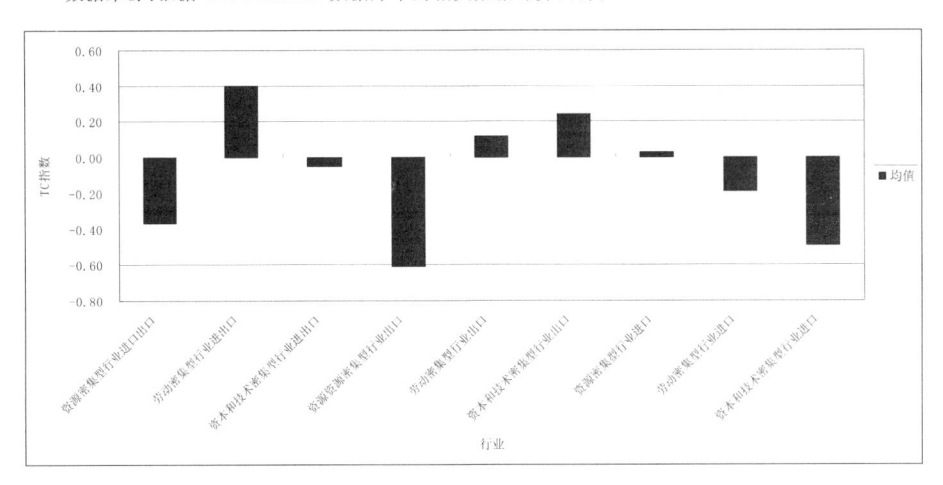

图 2-7　1992—2016 年中韩双边贸易中不同技术密集度行业 TC 指数均值

数据来源：根据 UN Comtrade 数据库中的相关数据计算而得。

通过对图 2-6 和图 2-7 中 1992—2016 年中国与韩国两个国家不同技术密集度的行业的 TC 指数分析，可以发现这一时期中韩两国不同技术密集度行业国际竞争力的变化呈现以下几个特点。

第一，在劳动密集型商品中，两个国家的 TC 指数都是正数，说明两个国家在劳动密集型商品方面都具有一定的竞争力。韩国 TC 指数 $0<TC<0.3$，在经济贸易市场中具有微弱的竞争优势。中国 TC 指数 $0.3<TC<0.6$，在经济贸易市场中具有较强的竞争优势。通过指数变化可以明确，韩国的劳动密

集型商品处于 0.03 至 0.08 之间,处于徘徊状态;韩国的劳动密集型商品处于 0.47 至 0.57 之间,处于缓慢增长状态,竞争优势呈现出上升的趋势。通过比较可以明确,中国与韩国之间的劳动密集型商品存在的优势互补空间是非常大的。

第二,在资本密集型商品中,中国与韩国的 TC 指数存在着不同的走势。韩国的资本密集型商品 TC 指数都大于 0,说明韩国的此类商品存在着竞争优势,且呈现出上升的趋势,并已经超过了 0.50,甚至达到了 0.55,说明韩国在资本和技术产业的发展进程中正不断地进步。中国的资本密集型商品指数虽然表现为正数,但是并没有太大的起伏,处于 0.11 至 0.20 之间。通过对资本密集型商品的 TC 指数进行分析,可以明确韩国和中国在资本密集型商品方面,韩国 TC 指数一路走高,中国的 TC 指数虽然处于增长的势头,但是韩国的资本密集型商品所占有的优势是非常明显的。中国的资本密集型商品则基本处于平稳状态。可见,在资本密集型商品方面,韩国与中国存在着优势互补性。中国与韩国在该领域的合作,可以使资本密集型商品更具有竞争优势,且产业竞争的空间进一步加大,使得中国与韩国两个国家在经济贸易上都能够获得更高的经济效益。

第四,从中韩双边贸易的情况来看,在中韩双边贸易中,中国只在资源密集型行业中具有较弱的国际竞争力,与之对应的是,中国在劳动密集型行业、资本和技术密集型行业中的 TC 指数均为负值,说明在中韩双边贸易中,中国在上述两大类行业中是具有劣势的。此外,从变化趋势上看,这一时期中国在劳动密集型行业、资本和技术密集型行业中的国竞争力在总体上呈现出不断上升的趋势,说明随着中国经济的发展,在上述两大类行业中,中韩双边贸易上,中国与韩国竞争力的差距是不断缩小的。

三、中韩服务贸易竞争力分析

表 2-13 计算了 2000—2016 年中国服务贸易竞争力指数变化,从中可以发现,第一,就这一时期的总体情况来看,中国服务贸易竞争力主要集中在通信、建筑、信息技术和其他商业服务这 4 类服务贸易上,但这三类服务贸易也只具有较弱的竞争力,与之对应的是,中国在其他 7 大类服务产品上的竞争力指数都为负,特别是在专利权服务上,这一时期中国专利权服务的竞争力指数的均

值为-0.95,说明具有极弱的竞争力;第二,从这一时期中国各类服务贸易竞争力的变化趋势上看,建筑、金融、保险、信息服务,这4类服务贸易的竞争力是在不断上升的,政府服务和旅游服务的竞争力指数虽然呈下降趋势,但这是由于中国扩大开放后,更多地购买国外的政府服务产品和旅游产品所致,并不能说明这一时期上述两类服务产品的竞争力一定是在下降的,除上述6类服务产品之外的服务行业的竞争力基本保持不变。总之,上述事实表明,中国服务贸易的竞争力更多地集中在劳动密集型服务行业和竞争资本密集型和技术密集型服务行业上,但近年在技术密集型服务行业上的竞争力提升较快。

表 2-13 2000—2016 年中部分年份中国服务贸易竞争力指数变化

	运输	旅游	通信	建筑	保险	金融	信息技术	专利权	其他商业服务	个人、文化、娱乐	政府服务
2000	-0.48	0.11	0.70	-0.25	-0.92	-0.11	0.15		-0.88	0.05	-0.54	0.24
2002	-0.41	0.14	0.08	0.13	-0.88	-0.28	-0.28		-0.92	0.13	-0.53	-0.10
2004	-0.34	0.13	0.08	0.05	-0.88	-0.19	0.13		-0.90	0.23	-0.62	-0.17
2006	-0.24	0.17	-0.02	0.15	-0.88	-0.72	0.26		-0.94	0.17	0.06	0.07
2008	-0.13	0.06	0.02	0.41	-0.80	-0.28	0.33		-0.90	0.09	0.24	-0.16
2010	-0.30	-0.09	0.04	0.48	-0.80	-0.02	0.51		-0.88	0.21	-0.50	-0.09
2012	-0.38	-0.34	0.04	0.54	-0.72	-0.01	0.58		-0.89	0.22	-0.64	-0.02
2014	-0.43	-0.49	-0.14	0.52	-0.66	-0.04	0.30		-0.94	0.13	-0.67	-0.32
2016	-0.41	-0.71	-0.26	0.20	-0.52	0.75	0.20		-0.91	-0.49	-0.45	
均值	-0.34	-0.10	0.03	0.25	-0.76	-0.11	0.25		-0.91	0.15	-0.36	-0.10

数据来源:根据 UN Comtrade 数据库中的相关数据计算而得,精确到小数点后两位。

从韩国各服务行业竞争力的变化趋势来看,根据表2-14的计算结果,第一,总体来看,这一时期韩国具有竞争力的服务贸易行业主要包括运输、建筑、金融和政府服务这4大行业,其中,只有建筑行业具有较强的竞争力,其他3个行业的竞争力均相对较弱,与之对应的是,韩国在其他7个服务行业的竞争力指数均为负值,说明韩国在这7个行业中均处于比较劣势的位置;第二,从这一时期韩国各服务行业竞争力指数的变化趋势来看,运输、保险、金融、政府服务和其他商业服务这5类服务贸易的竞争力是在不断下降的,与之对应的是,通信、信息技术、专利权和个人、文化、娱乐这4类服务行业的竞争力是在总体上不断上升。上述事实也说明了,韩国服务贸易的竞争力主要集中在资本密集型服务业上,但近年在技术密集型服务业上的竞争力上升较快。

表 2-14　2000—2016 年中部分年份韩国服务贸易竞争力指数变化

	运输	旅游	通信	建筑	保险	金融	信息技术	专利权	其他商业服务	个人、文化、娱乐	政府服务
2000	0.19	−0.01	−0.15	0.47	−0.03	0.29	−0.13	−0.54	−0.21	−0.48	0.79
2002	0.10	−0.13	−0.30	0.79	−0.15	0.44	−0.06	−0.67	−0.20	−0.78	0.73
2004	0.13	−0.14	−0.19	0.77	−0.05	0.41	−0.05	−0.51	−0.14	−0.75	0.90
2006	0.05	−0.22	−0.25	0.96	−0.06	0.19	−0.07	−0.38	−0.14	−0.72	0.63
2008	0.09	−0.12	−0.14	0.75	−0.02	0.35	−0.03	−0.30	−0.17	−0.54	0.17
2010	0.09	−0.08	−0.27	0.49	−0.02	−0.10	−0.01	−0.43	−0.08	−0.49	0.03
2012	0.08	−0.05	−0.22	0.73	−0.01	−0.11	0.02	−0.25	−0.02	−0.14	0.14
2014	0.05	−0.02	−0.14	0.76	0.00	−0.04	0.04	−0.23	0.02	0.02	0.03
2016	−0.01	−0.06	−0.04	0.41	−0.01	−0.01	0.03	−0.11	−0.09	0.16	−0.08
均值	0.08	−0.10	−0.22	0.69	−0.04	0.14	−0.03	−0.38	−0.11	−0.46	0.37

数据来源：根据 UN Comtrade 数据库中的相关数据计算而得，精确到小数点后两位。

四、小结

本节主要采用贸易竞争力指数，对中国和韩国在货物贸易和服务贸易的竞争力进行了分析，结果表明，从货物贸易领域来看，中韩两国在劳动密集型商品方面都具有一定的竞争力；韩国在资本密集型货物行业中的竞争力强于中国，韩国与中国存在着优势互补性；从中韩双边贸易的情况来看，在中韩双边贸易中，中国只在资源密集型行业中具有较弱的国际竞争力，在劳动密集型行业、资本和技术密集型行业中是比较劣势的，但在变化趋势上，中国与韩国竞争力的差距是不断缩小的。

中国服务贸易的竞争力更多地集中在劳动密集型服务行业和资本密集型和技术密集型服务行业上，但近年技术密集型服务行业的竞争力提升较快；韩国服务贸易的竞争力主要集中在资本密集型服务业上，但近年在技术密集型服务业上的竞争力上升较快。

第四节 中韩双边贸易模式分析

在这一部分中,参照张曙霄(2003)和张曙霄等(2009)对贸易模式和贸易模式结构的定义,对外贸易模式是指以某种分工形式为基础所进行的对外贸易活动;贸易模式结构是指产业间贸易和产业内贸易在一国对外贸易模式中所占的比重(地位)及其相互间的联系(关系)。

产业内贸易是指同一产业(或部门)内部的差异产品(differentiated products)及其中间产品的国际交换。P. J. Verdoorn(1960)在研究"荷比卢经济同盟"内部贸易模式变化时最早发现这种贸易模式,Balassa(1974)则首次将这种贸易模式定义为"产业内贸易"。由于产业内贸易主要是同一类产品(或部门)内部的差异性产品之间的贸易,一般认为,与产业间贸易相比,产业内贸易越发达的国家在国际分工中的地位也越高。产业内贸易程度的高低同样对一国服务业国际竞争力的强弱具有十分重要的影响。一是由于自产品种减少,一国可以在更大规模上从事该种服务产品的生产,从而提高生产效率和降低成本;二是产业内贸易是同类产品,产品的技术含量基本相同,同等技术含量产品的贸易有利于学习对方在产业组织、技术促进和产品多样化等方面的创新;三是产业内贸易是另一种交易双方相互需求并相互满足的贸易,产业内贸易的高度发展可以扩大双方的相互依赖程度;四是产业内贸易是一国实现比较优势递进的有效途径。

本书将对中韩两国货物贸易和服务贸易的贸易模式进行分析,其中,在分析中韩两国货物贸易的贸易模式时,首先分析中韩两国各自的情况,其次,分析中韩两国双边贸易的情况;在分析中韩两国服务贸易的贸易模式时,由于目前没有中韩双边服务贸易的数据,因此,只对中韩两国各自的服务贸易的模式进行分析。

一、相关指标选取和数据来源

(一)相关指标选取

1. G-L 指数

本书首先选取国际上最常用的计算产业内贸易水平的格鲁贝尔-劳埃德指数(G-L 指数),将其应用于服务贸易领域,令 X_i^j 和 M_i^j 分别代表 j 国 i 产业的出口和进口,则 j 国 i 产业的产业内贸易指数(G-L 指数)可以表示为

$$\text{G-L}_i^j = 1 - \frac{|X_i^j - M_i^j|}{X_i^j + M_i^j} \tag{2-4}$$

G-L 指数的取值范围为 $0 \leqslant \text{G-L} \leqslant 1$,G-L 指数越趋于 0,说明一国某一产业越主要以产业间贸易为主;反之,越趋近于 1,则说明该是产业以产业内贸易为主,一般认为,当 $0 \leqslant \text{G-L} \leqslant 0.5$ 时,该行业以产业间贸易为主,当 $0.5 < \text{G-L} \leqslant 1$ 时,该行业以产业内贸易为主。

2. 边际产业内贸易指数(MIIT)

鉴于 $G\text{-}L$ 指数只是对产业内贸易的一种静态的衡量指标,为探讨产业内贸易的动态变化效果,M. Brulhart(1994)提出了动态产业内贸易的度量指标,即 $MIIT$ 指数,其计算公式为

$$\text{MIIT}_i = \frac{\Delta X_i - \Delta M_i}{|\Delta X_i| + |\Delta M_i|} \tag{2-5}$$

其中 ΔX_i、ΔM_i 分别表示相邻两个时期 i 产业出口贸易额和进口贸易额的变化量,MIIT_i 的取值范围为 $[-1,1]$,MIIT_i 越接近 0,表明该产业全部贸易中的增量主要由产业内贸易引起;MIIT_i 越接近 -1 或 1,则表明该产业全部贸易中的增量主要由产业间贸易引起。$\text{MIIT}_i > 0$,表明该部分绩效良好,$\text{MIIT}_i < 0$ 则该部门表现为不良的绩效。参照 $G\text{-}L$ 指数的划分区间,将 MIIT_i 指数的取值范围细分为四个区间,当 $-1 < \text{MIIT}_i < -0.5$,可以认为该产业全部贸易中的增量主要以产业间贸易为主,且表现出不良的绩效,当 $-0.5 < \text{MIIT}_i < 0$,可以认为该产业全部贸易中的增量主要以产业内贸易为主,且表现出不良的绩效;当 $0 < \text{MIIT}_i < 0.5$ 时,则可认为该产业全部贸易的增量主要以产业内贸易为主,且表现出良好的绩效;当 $0.5 < \text{MIIT}_i < 1$ 时,表明该产业全部贸易的增量主要以产业间贸易为主,且表现出良好的绩效。

(二)相关数据来源

在相关数据来源方面,分析中韩货物贸易情况的相关数据来自 UN Comtrade 数据库中的货物贸易数据库,该数据库提供了 1992—2016 年针对中国、韩国和中韩双边贸易的以 SITC 和 HS 分类的货物贸易数据;分析中韩服务贸易情况的相关数据来自 UN Comtrade 数据库中的服务贸易数据库,该数据库提供了 2000—2016 年以 2002 版 EBOPS 标准进行分类的服务贸易数据。

在对中韩两国贸易模式的分析中,一个不可回避的问题是,在测算产业间贸易和产业内贸易时,一个关键问题是对某一"产业"的认定,在针对货物贸易领域的产业内贸易和产业间贸易的分析中,一般而言,所采用的是基于 SITC 3 位数分类来划分产业,鉴于本书的研究目的是中韩双边 FTA 对中韩双边贸易的影响,而本章对中韩两国贸易变化趋势的分析只是为分析中韩双边 FTA 对中韩双边贸易的影响做准备,只需要简要分析中韩贸易的变化即可,并不需要十分细致的分析中韩两国贸易究竟是以产业内贸易为主还是以产业间贸易为主,只需对其有一个大致的认识即可。因此,在这一部分中,针对中韩货物贸易的分析,只针对 SITC 1 位数分类的相关数据进行研究,而对服务贸易的分析中,使用 2002 版 EBOPS 1 位数分类对中韩两国服务贸易模式进行分析。

二、中韩货物贸易模式分析

(一)中韩货物贸易 G-L 指数分析

在对中韩货物贸易模式的分析中,本书将首先根据 G-L 指数,对中国、韩国和中韩双边货物贸易的贸易模式进行分析,其次,根据 MIIT 指数,对中国、韩国和中韩双边货物贸易中的贸易增量的模式进行分析。

表 2-15 计算了 1992—2016 年中部分年份中国货物行业贸易模式变化,从中可以发现,第一,总体来看,中国在第 0 类产品(食品和活动物)、第 1 类产品(饮料和烟草)、第 5 类产品(化学制品及有关产品)、第 6 类产品(按原料分类的制成品)和第 7 类产品(机械与运输设备)的贸易上以产业内贸易为主,与之对应的是,中国在第 2 类产品(非食用原料)、第 3 类产品(矿物原料及润滑油)、第 4 类产品(动植物油脂)、第 8 类产品(杂项制成品类)和第 9 类产品(未分类其他商品)上的 G-L 指数均小于 0.5,说明中国上述行业在贸易方式上,

是以产业间贸易为主的。从变化趋势上看,这一时期中国在第 2 类产品(非食用原料)、第 3 类产品(矿物原料及润滑油)和第 9 类产品(未分类其他商品)上,由此前的以产业内贸易为主转向现在的以产业间贸易为主。上述事实说明了,中国在部分资源密集型行业和劳动密集型行业上,在贸易模式方面,主要是以产业间贸易为主的,与之对应的是,在大部分资本和技术密集型行业上,其贸易模式主要是以产业内贸易为主。

表 2-15　1992—2016 年中部分年份中国货物行业贸易模式变化

	第 0 类	第 1 类	第 2 类	第 3 类	第 4 类	第 5 类	第 6 类	第 7 类	第 8 类	第 9 类
1992	0.55	0.50	0.70	0.86	0.42	0.56	0.91	0.60	0.28	0.81
1994	0.48	0.13	0.71	1.00	0.43	0.68	0.91	0.60	0.24	0.61
1996	0.71	0.54	0.55	0.93	0.36	0.66	0.95	0.78	0.26	0.39
1998	0.53	0.31	0.49	0.87	0.34	0.68	0.98	0.94	0.22	0.01
2000	0.56	0.66	0.36	0.55	0.21	0.57	0.99	0.95	0.26	0.46
2002	0.53	0.57	0.32	0.61	0.11	0.56	0.96	0.96	0.33	0.59
2004	0.65	0.62	0.19	0.46	0.07	0.57	0.85	0.97	0.49	0.84
2006	0.56	0.93	0.17	0.33	0.17	0.68	0.66	0.88	0.46	0.93
2008	0.6	0.89	0.13	0.32	0.11	0.80	0.58	0.79	0.45	0.56
2010	0.69	0.88	0.10	0.25	0.08	0.74	0.69	0.83	0.46	0.15
2012	0.81	0.74	0.10	0.18	0.08	0.78	0.61	0.81	0.41	0.04
2014	0.89	0.71	0.11	0.20	0.14	0.82	0.60	0.81	0.37	0.05
2016	0.89	0.73	0.12	0.26	0.15	0.85	0.52	0.80	0.38	0.14
均值	0.64	0.65	0.31	0.52	0.21	0.69	0.79	0.83	0.35	0.47

数据来源:根据 UN Comtrade 数据库中的相关数据计算而得,精确到小数点后两位。

表 2-16 计算了 1992—2016 年中部分年份韩国货物行业贸易模式变化,从中可以发现,第一,总体来看,韩国在第 0 类(食品和活动物)、第 2 类(非食用原料)、第 3 类(矿物原料及润滑油)、第 4 类(动植物油脂)这 4 个行业上的 G-L 指数是小于 0.5 的,说明韩国在上述 4 个行业上是以产业间贸易为主的,与之对应的是,韩国在第 1 类(饮料和烟草)、第 5 类(化学制品及有关产品)、第 6 类(按原料分类的制成品)、第 7 类(机械与运输设备)、第 8 类(杂项制成品类)和第 9 类(未分类其他商品)上的 G-L 指数是大于 0.5 的,说明韩国在上述 6 个行业的贸易模式是以产业内贸易为主的;第二,从变化趋势上看,韩国在第 0 类(食品和活动物)上的 G-L 指数是下降的,由此前的贸易模式以产业间贸易

第二章 中韩贸易发展现状研究

为主转变为现在的以产业内贸易为主,除此之外的 9 个行业的 G-L 指数均是在不断上升的。上述事实说明,韩国在资本和技术密集型行业上,是以产业内贸易为主的,在部分资源密集型行业和劳动密集型行业,韩国是以产业间贸易为主。

从中韩双边贸易的情况来看,根据表 2-17(1992—2016 年中部分年份中韩双边货物行业贸易模式变化)的计算结果在第 0 类(食品和活动物)、第 3 类(矿物原料及润滑油)、第 4 类(动植物油脂)、第 5 类(化学制品及有关产品)和第 9 类(未分类其他商品)这五个行业上,中韩贸易是以产业间贸易为主的,在第 1 类(饮料和烟草)、第 2 类(非食用原料)、第 6 类(按原料分类的制成品)、第 7 类(机械与运输设备)和第 8 类(杂项制成品类)这 5 个行业上,中韩双边贸易是以产业内贸易为主的,且这种趋势在这一时期变化不大。

表 2-16 1992—2016 年韩国货物行业贸易模式变化

	第0类	第1类	第2类	第3类	第4类	第5类	第6类	第7类	第8类	第9类
1992	0.68	0.48	0.23	0.21	0.05	0.74	0.78	0.94	0.49	0.71
1994	0.65	0.45	0.26	0.20	0.05	0.79	0.82	0.89	0.75	0.83
1996	0.55	0.48	0.26	0.27	0.12	0.82	0.87	0.89	0.99	0.96
1998	0.69	0.76	0.35	0.40	0.18	0.95	0.56	0.65	0.69	0.77
2000	0.54	0.57	0.31	0.40	0.11	0.99	0.75	0.74	0.98	0.81
2002	0.43	0.67	0.30	0.34	0.12	0.99	0.83	0.70	0.88	0.71
2004	0.42	0.94	0.31	0.35	0.08	0.94	0.91	0.64	0.85	0.92
2006	0.34	0.99	0.29	0.39	0.07	0.93	0.95	0.65	1.00	0.87
2008	0.31	0.96	0.31	0.42	0.08	0.92	0.96	0.66	0.87	0.97
2010	0.39	0.92	0.31	0.42	0.09	0.91	0.96	0.64	0.80	0.68
2012	0.38	0.82	0.33	0.47	0.12	0.87	0.86	0.62	0.88	0.65
2014	0.35	0.84	0.31	0.46	0.11	0.82	0.87	0.62	0.93	0.64
2016	0.37	0.79	0.36	0.50	0.12	0.84	0.85	0.66	0.97	0.88
均值	0.47	0.74	0.30	0.37	0.10	0.89	0.85	0.71	0.86	0.80

数据来源:根据 UN Comtrade 数据库中的相关数据计算而得,精确到小数点后两位。

表 2-17　1992—2016 年中部分年份中韩双边货物行业贸易模式变化

	第0类	第1类	第2类	第3类	第4类	第5类	第6类	第7类	第8类	第9类
1992	0.03	0.05	0.95	0.29	0.02	0.46	0.70	0.36	0.62	0.06
1994	0.10	0.06	0.89	0.62	0.41	0.41	0.59	0.34	0.6	0.18
1996	0.18	0.01	0.8	0.61	0.35	0.37	0.66	0.54	0.76	0.68
1998	0.19	0.12	0.70	0.8	0.96	0.23	0.46	0.62	0.85	0.53
2000	0.15	0.38	0.90	0.65	0.9	0.26	0.56	0.59	0.66	0.27
2002	0.10	0.46	1.00	0.92	0.81	0.30	0.68	0.55	0.76	0.02
2004	0.17	0.57	0.86	0.70	0.54	0.27	0.81	0.55	0.62	0.16
2006	0.15	0.76	1.00	0.57	0.53	0.34	0.92	0.54	0.64	0.10
2008	0.20	0.92	0.95	0.54	0.21	0.40	0.67	0.73	0.62	0.13
2010	0.21	0.98	0.84	0.40	0.23	0.24	0.91	0.64	0.53	0.03
2012	0.25	0.8	0.86	0.32	0.59	0.39	0.84	0.67	0.64	0.06
2014	0.26	0.86	0.98	0.36	0.64	0.42	0.93	0.65	0.78	0.21
2016	0.34	0.90	0.98	0.40	0.23	0.46	0.80	0.66	0.89	0.28
均值	0.18	0.50	0.90	0.60	0.46	0.36	0.74	0.57	0.69	0.23

数据来源：根据 UN Comtrade 数据库中的相关数据计算而得，精确到小数点后两位。

总之，上述利用 G-L 指数对中国货物贸易模式、韩国贸易模式、中韩双边贸易模式的分析表明，中国在部分资源密集型行业和劳动密集型行业上以产业间贸易为主，在大部分资本和技术密集型行业上，其贸易模式主要是以产业内贸易为主；韩国在资本和技术密集型行业上，是以产业内贸易为主，在部分资源密集型行业和劳动密集型行业，以产业间贸易为主；在双边贸易上，中韩两国在资源密集型行业和部分劳动密集型行业上，以产业间贸易为主，在资本和技术密集型行业上，以产业内贸易为主。上述事实也说明，从贸易模式的角度来看，中韩双边贸易存在一定的互补性。

（二）中韩货物贸易 MIIT 指数分析

在这一部分中，本书将利用 MIIT 指数，分析中国、韩国和中韩双边货物贸易的边际产业内贸易指数，即贸易增量是以何种贸易模式实现的。在这一部分中，由于为了保留 1993 年和 2016 年的数据，导致无法像前文那样保留偶数年份的数据，因此，在这一部分中，本书从 1993 年起，每隔两年保留一年的数据，同时保留 2015 年和 2016 年的数据。

表 2-18 计算了 1993—2016 年中部分年份中国货物贸易边际产业内贸易

指数变化,从中可以发现,第一,这一时期中国货物贸易出口中,在贸易增量的产生方式来看,在第 0 类(食品和活动物)、第 5 类(化学制品及有关产品)、第 7 类(机械与运输设备)这 3 类产品的贸易增量主要是以产业内贸易的方式产生的,与之对应的是,在第 1 类(饮料和烟草)、第 2 类(非食用原料)、第 3 类(矿物原料及润滑油)、第 4 类(动植物油脂)、第 6 类(原料分类的制成品)、第 8 类(杂项制成品类)和第 9 类(未分类其他商品)这 7 类产品的贸易增量主要是由产业间贸易的方式产生的;第二,从贸易增长的绩效来看,在第 0 类(食品和活动物)、第 6 类(原料分类的制成品)、第 7 类(机械与运输设备)、第 8 类(杂项制成品类)这 4 类产品的贸易增量体现出较好的绩效,与之对应的是,在第 1 类(饮料和烟草)、第 2 类(非食用原料)、第 3 类(矿物原料及润滑油)、第 4 类(动植物油脂)、第 5 类(化学制品及有关产品)和第 9 类(未分类其他商品)这 6 类产品的对外贸易增量上,则只表现出较差的绩效。上述事实表明,在贸易增量上,中国只在少数资本和技术密集型行业上的贸易增量是以产业内贸易为主的,在大多数资源密集行业、劳动密集型行业、资本和技术密集型行业上的贸易增量是以产业间贸易为主的,在贸易增量的绩效上,中国在资本和技术密集型行业上,贸易增量表现出较好的绩效,在资源密集型行业和劳动密集型行业上,贸易增量表现出较差的绩效。

表 2-18　1993—2016 年中部分年份中国货物贸易边际产业内贸易指数变化趋势

	第0类	第1类	第2类	第3类	第4类	第5类	第6类	第7类	第8类	第9类
1993	1.00	0.93	0.58	−1.00	1.00	1.00	−0.95	−0.74	0.73	−1.00
1995	−1.00	0.06	−0.83	0.07	−1.00	−0.29	0.86	0.78	0.53	−0.71
1997	1.00	−0.25	−0.79	−0.53	1.00	0.06	0.75	1.00	0.98	−0.02
1999	0.04	−1.00	−0.67	−1.00	−0.17	−0.97	−0.61	−0.19	0.27	−0.57
2001	0.39	0.46	−1.00	1.00	0.95	−0.20	0.81	−0.10	−0.36	1.00
2003	0.60	−0.49	−0.90	−0.57	−0.97	−0.40	0.02	0.04	0.31	1.00
2005	0.88	−1.00	−0.80	−0.67	1.00	−0.80	0.70	0.38	0.56	0.01
2007	0.54	−0.28	−0.93	−0.68	−1.00	−0.13	0.48	0.37	0.57	−1.00
2009	−1.00	0.54	0.78	0.60	0.84	−0.42	−1.00	−0.42	−0.49	0.86
2011	0.13	−0.55	−0.91	−0.88	−0.87	−0.07	0.57	0.20	0.71	−0.95
2013	−0.28	−0.71	−0.97	0.13	1.00	−0.29	0.86	0.13	0.91	−0.98
2015	−1.00	−0.13	0.94	0.90	1.00	0.63	0.62	0.58	−0.72	−0.93
2016	1.00	−0.17	0.80	0.91	0.80	−0.03	−0.56	−0.44	−0.75	1.00
均值	0.17	−0.18	−0.37	−0.30	0.00	−0.16	0.26	0.17	0.45	−0.17

数据来源:根据 UN Comtrade 数据库中的相关数据计算而得,精确到小数点后两位。

表 2-19 计算了 1993—2016 年中部分年份韩国货物贸易边际产业内贸易指数变化,从中可以发现,第一,这一时期韩国货物贸易出口中,从贸易增量的产生方式来看,第 5 类(化学制品及有关产品)、第 6 类(原料分类的制成品)、第 7 类(机械与运输设备)和第 9 类(未分类其他商品)这 4 类产品的贸易增量主要是以产业内贸易的方式产生的,与之对应的是,第 0 类(食品和活动物)、第 1 类(饮料和烟草)、第 2 类(非食用原料)、第 3 类(矿物原料及润滑油)、第 4 类(动植物油脂)、第 8 类(杂项制成品类)这 6 类产品的贸易增量主要是由产业间贸易的方式产生的;第二,从贸易增长的绩效来看,仅在第 1 类(饮料和烟草)、第 5 类(化学制品及有关产品)、第 7 类(机械与运输设备)、这 3 类产品的贸易增量体现出较好的绩效,与之对应的是,在第 0 类(食品和活动物)、第 2 类(非食用原料)、第 3 类(矿物原料及润滑油)、第 4 类(动植物油脂)、第 6 类(原料分类的制成品)、第 8 类(杂项制成品类)、和第 9 类(未分类其他商品)这 7 类产品的对外贸易增量上,则只表现出较差的绩效。上述事实表明,在贸易增量上,韩国只在少数资本和技术密集型行业上的贸易增量是以产业内贸易为主的,在资源密集行业、劳动密集型行业、资本和技术密集型行业上的贸易增量是以产业间贸易为主的,在贸易增量的绩效上,韩国在部分劳动密集型行业、资本和技术密集型行业上贸易增量表现出较好的绩效,在资源密集型行业和大多数劳动密集型行业上,贸易增量表现出较差的绩效。

表 2-19　1992—2016 年韩国货物贸易边际产业内贸易指数变化趋势

	第 0 类	第 1 类	第 2 类	第 3 类	第 4 类	第 5 类	第 6 类	第 7 类	第 8 类	第 9 类
1993	0.24	−1.00	−0.73	−0.58	0.82	−0.10	0.86	1.00	−1.00	0.20
1995	−0.53	−0.61	−0.73	−0.66	−0.68	−0.13	−0.07	0.21	−1.00	−0.05
1997	0.83	1.00	1.00	−0.35	1.00	1.00	1.00	1.00	0.44	0.01
1999	−0.67	−0.84	−0.97	−0.59	−1.00	−0.60	−1.00	0.02	−0.21	−0.57
2001	−1.00	0.18	0.56	0.49	1.00	−0.37	−0.38	−0.10	−0.16	0.15
2003	−0.87	1.00	−0.45	−0.89	−0.92	0.15	0.00	0.40	−0.29	−0.06
2005	−0.94	1.00	−0.68	−0.54	−1.00	0.09	−0.11	0.31	0.21	−0.02
2007	−0.78	−0.37	−0.67	−0.45	−0.94	0.09	−0.27	0.24	0.75	−1.00
2009	1.00	1.00	0.75	0.55	0.86	−0.01	0.31	−0.21	0.88	1.00
2011	−0.71	0.99	−0.64	−0.43	−0.88	0.25	0.34	0.57	−0.95	0.07
2013	−1.00	−1.00	0.67	0.26	0.83	1.00	−0.42	0.44	−1.00	−0.86
2015	0.34	1.00	0.79	0.57	1.00	−0.39	−0.05	−1.00	−1.00	−0.48
2016	0.98	0.08	0.80	0.59	−1.00	1.00	0.10	−0.74	−1.00	1.00
均值	−0.35	0.16	−0.13	−0.23	−0.12	0.22	0.00	0.18	−0.30	0.01

数据来源:根据 UN Comtrade 数据库中的相关数据计算而得,精确到小数点后两位。

表2-20计算了1993—2016年中韩货物贸易边际产业内贸易指数变化,从中可以发现,第一,这一时期中韩双边货物贸易中,在贸易增量的产生方式来看,第3类(矿物原料及润滑油)、第6类(原料分类的制成品)、第7类(机械与运输设备)这3类产品的贸易增量主要是以产业内贸易的方式产生的,与之对应的是,在第0类(食品和活动物)、第1类(饮料和烟草)、第2类(非食用原料)、第4类(动植物油脂)、第5类(化学制品及有关产品)、第8类(杂项制成品类)和第9类(未分类其他商品)这7类产品的贸易增量主要是由产业间贸易的方式产生的;第二,从贸易增长的绩效来看,中国在第0类(食品和活动物)、第4类(动植物油脂)、第8类(杂项制成品类)这3类产品的贸易增量体现出较好的绩效,与之对应的是,在第1类(饮料和烟草)、第2类(非食用原料)、第3类(矿物原料及润滑油)、第5类(化学制品及有关产品)、第6类(原料分类的制成品)、第7类(机械与运输设备)和第9类(未分类其他商品)这7类产品的对外贸易增量上,中国只表现出较差的绩效;第三,在大多数行业上,近年来中国在中韩贸易的增量上的绩效增长较快,大多数行业的MIIT指数已由负变正。上述事实表明,在中韩双边贸易的贸易增量上,中韩双边贸易的增量只在少数行业中的贸易增量是以产业内贸易为主的,在贸易增量的绩效上,中国在中韩双边贸易中,只在部分劳动密集型行业上表现出较好的绩效,在绝大多数资源密集型行业、资本和技术密集型行业上,贸易增量表现出较差的绩效。

总之,上述对中韩两国货物贸易模式和中韩双边货物贸易模式的分析可以发现,在货物贸易上,中韩两国是存在一定的互补性的。

表2-20 1992—2016年中韩货物贸易边际产业内贸易指数变化趋势

	第0类	第1类	第2类	第3类	第4类	第5类	第6类	第7类	第8类	第9类
1993	−1.00	0.75	−0.33	−0.68	−1.00	−0.76	−0.92	−0.73	0.18	−1.00
1995	−1.00	1.00	−0.22	0.09	1.00	−0.56	0.26	−0.33	0.05	1.00
1997	0.97	−1.00	−0.81	−0.66	0.42	−0.90	−0.02	−0.02	0.33	−1.00
1999	1.00	−1.00	1.00	−1.00	0.96	0.25	−0.44	0.70	−1.00
2001	−0.06	0.89	0.31	1.00	1.00	0.43	0.25	0.09	0.55	−1.00
2003	0.89	0.88	−0.52	−0.49	0.65	−0.69	−0.29	−0.60	−0.61	−0.86
2005	0.87	0.43	0.47	0.33	1.00	−0.62	0.47	−0.55	−0.85	1.00
2007	0.82	0.32	−0.31	−0.34	1.00	−0.52	0.91	−0.14	−0.53	−0.84

(续表)

	第0类	第1类	第2类	第3类	第4类	第5类	第6类	第7类	第8类	第9类
2009	−0.82	−0.10	−0.68	0.51	0.71	0.26	−0.88	−0.05	−1.00	−1.00
2011	0.56	−1.00	−0.39	−0.84	−1.00	−0.49	0.52	−0.40	0.08	−0.93
2013	0.48	−0.37	0.59	0.75	1.00	−0.77	−1.00	−0.58	1.00	0.96
2015	−1.00	−0.96	−0.23	0.73	−0.18	0.87	0.70	−0.29	1.00	−0.64
2016	0.35	0.52	0.41	0.55	1.00	1.00	−0.13	0.38	0.27	−0.78
均值	0.12	−0.15	0.02	−0.01	0.19	−0.35	0.00	−0.21	0.10	−0.39

数据来源：根据UN Comtrade数据库中的相关数据计算而得，精确到小数点后两位。

三、中韩服务贸易模式分析

（一）中韩服务贸易G-L指数分析

表2-21计算了2000—2016年中国G-L指数，从中可以发现，第一，总体来看，中国在运输、旅游、通信、建筑、金融、信息技术、其他商业服务、政府服务这8类服务贸易上以产业内贸易为主，在保险、专利权和个人、文化、娱乐这三类服务贸易上以产业间贸易为主；第二，从变化趋势上，虽然在保险服务贸易上，中国仍以产业间贸易为主，但其G-L指数在这一时间是不断上升的，与之对应的是，在专利权服务贸易上，中国的G-L指数是不断下降的，说明中国在专利权服务贸易上的产业间贸易程度越来越高。

表2-21 2000—2016年中部分年份中国G-L指数

	运输	旅游	通信	建筑	保险	金融	信息技术	专利权	其他商业服务	个人、文化、娱乐	政府服务
2000	0.52	0.89	0.30	0.75	0.08	0.89	0.85	0.12	0.95	0.46	0.76
2002	0.59	0.86	0.92	0.87	0.12	0.72	0.72	0.08	0.87	0.47	0.90
2004	0.66	0.87	0.92	0.95	0.12	0.81	0.87	0.10	0.77	0.38	0.83
2006	0.76	0.83	0.98	0.85	0.12	0.28	0.74	0.06	0.83	0.94	0.93
2008	0.87	0.94	0.98	0.59	0.20	0.72	0.67	0.10	0.91	0.76	0.84
2010	0.70	0.91	0.96	0.52	0.20	0.98	0.49	0.12	0.79	0.50	0.91
2012	0.62	0.66	0.96	0.46	0.28	0.99	0.42	0.11	0.78	0.36	0.98
2014	0.57	0.51	0.86	0.48	0.34	0.96	0.70	0.06	0.87	0.33	0.68
2016	0.59	0.29	0.74	0.80	0.48	0.25	0.80	0.09	0.85	0.51	0.55
均值	0.65	0.78	0.87	0.71	0.24	0.78	0.72	0.09	0.85	0.56	0.82

数据来源：根据UN Comtrade数据库中的相关数据计算而得，精确到小数点后两位。

表 2-22 计算了 2000—2016 年韩国 G-L 指数,从中可以发现,第一,韩国在运输、旅游、通信、保险、专利权、信息技术、其他商业服务、个人、文化、娱乐和政府服务这 9 类服务贸易上,是以产业内贸易为主的,与之对应的是,韩国在建筑、金融这两类服务贸易上是以产业间贸易为主的;第二,从变化趋势上看,韩国在金融服务贸易上的 G-L 指数整体呈上升趋势,在其他各类服务贸易上的变化趋势不大。

表 2-22　2000—2016 年中部分年份韩国 G-L 指数

	运输	旅游	通信	建筑	保险	金融	信息技术	专利权	其他商业服务	个人、文化、娱乐	政府服务
2000	0.89	0.98	0.77	0.33	0.64	0.43	0.21	0.49	0.82	0.92	0.7
2002	0.92	0.72	0.71	0.33	0.12	0.18	0.27	0.53	0.77	0.79	0.61
2004	0.88	0.66	0.82	0.31	0.46	0.21	0.28	0.57	0.76	0.51	0.57
2006	0.95	0.47	0.78	0.31	0.49	0.35	0.59	0.61	0.75	0.71	0.71
2008	0.9	0.68	0.77	0.32	0.77	0.31	0.69	0.59	0.64	0.74	0.87
2010	0.87	0.71	0.73	0.32	0.74	0.92	0.88	0.52	0.83	0.97	0.97
2012	0.85	0.79	0.7	0.29	0.76	0.89	0.76	0.62	0.95	0.93	0.87
2014	0.9	0.87	0.74	0.35	0.96	0.9	0.67	0.66	0.96	0.99	0.95
2016	0.99	0.78	0.91	0.34	0.84	0.99	0.77	0.83	0.82	0.74	0.85
均值	0.91	0.73	0.75	0.33	0.61	0.55	0.59	0.61	0.81	0.78	0.79

数据来源:根据 UN Comtrade 数据库中的相关数据计算而得,精确到小数点后两位。

(二)中韩服务贸易 MIIT 指数分析

接下来,本书将进一步分析中韩服务贸易的贸易增量的模式。

与前文中对中韩货物贸易 MIIT 指数分析类似,在此,本书同样保留了 2001 年的数据的同时,每隔两年显示相应的数据,同时保留 2015 年和 2016 年的相关数据。

表 2-23 计算了 2001—2016 年中国各服务贸易行业 MIIT 指数的变化趋势,从中可以发现,第一,从贸易增量的实现方式上看,总体来说,在运输、旅游、金融、信息技术、其他商业服务这 5 类服务贸易上的贸易增量,是以产业内贸易的形式实现的,在通信、建筑、保险、专利权、政府服务和个人、文化、娱乐这 6 类服务贸易上的贸易增量是以产业间贸易方式实现在的;第二,从贸易增量的绩效上看,中国在金融、信息技术、其他商业服务这 3 类服务贸易的 MIIT 指数为正,说明在上述 3 类服务贸易的贸易增量表现出较好的绩效,与之对应

的是,在运输、旅游、通信、建筑、保险、专利权、政府服务和个人、文化、娱乐这8类服务贸易的MIIT指数为负,说明在上述这8类服务贸易上的贸易增量上表现出较差的绩效;第三,从变化趋势上看,总体上看,这一时期中国11个服务贸易行业的MIIT指数均是不断变小的,说明这一时期总体来看,中国各服务贸易行业的贸易增量的绩效是在不断恶化的。

表2-23　2001—2016年中部分年份中国服务贸易MIIT指数

	运输	旅游	通信	建筑	保险	金融	信息技术	专利权	其他商业服务	个人、文化、娱乐	政府服务
2001	0.02	0.33	−1.00	1.00	−0.33	1.00	0.14	−0.93	0.21	0.13	0.41
2003	−0.36	−0.87	1.00	−0.67	−0.82	−0.17	1.00	−1.00	0.49	1.00	−1.00
2005	−0.08	0.28	−1.00	0.60	−0.73	0.41	−0.29	−1.00	−0.45	1.00	0.12
2007	0.07	−0.25	0.16	0.51	−0.68	1.00	0.49	−0.84	0.08	0.69	−1.00
2009	−0.60	−1.00	−0.11	−1.00	1.00	−0.30	0.59	−1.00	0.72	−1.00	1.00
2011	−0.85	−0.74	0.81	1.00	−0.51	0.14	0.54	−1.00	0.02	−1.00	−0.42
2013	−1.00	−0.88	−0.74	−1.00	−0.38	−0.15	−0.18	−1.00	−1.00	−0.82	0.23
2015	1.00	−0.38	−0.74	−0.61	1.00	0.02	−0.12	1.00	0.14	−0.29	−0.96
2016	−1.00	−0.38	−0.74	−0.40	−1.00	1.00	−0.08	−0.92	−1.00	−0.92	−0.62
均值	−0.27	−0.33	−0.21	0.06	−0.45	0.13	0.31	−0.79	0.12	−0.26	−0.22

数据来源:根据UN Comtrade数据库中的相关数据计算而得,精确到小数点后两位。

表2-24计算了2001—2016年韩国各服务贸易行业MIIT指数的变化趋势,从中可以发现,第一,从这时期各行业服务贸易增量的实现方式来看,韩国在运输、通信、信息技术、专利权、其他商业服务和个人、文化、娱乐这6个行业上服务贸易增量是以产业内贸易的方式实现的,与之对应的是,在旅游、建筑、保险、金融和政府服务这5个服务行业上服务贸易增量是以产业间贸易的方式实现的;第二,从贸易增量的绩效上看,韩国在建筑、金融、信息技术这3个服务行业的MIIT指数在大多数年份为正,说明韩国在上述3个服务行业的服务贸易增量上表现出较好的绩效,与之对应的是,韩国在运输、旅游、通信、保险、专利权、其他商业服务、政府服务和个人、文化、娱乐服务这8类服务行业的MIIT指数为负,说明韩国在上述8个服务行业的服务贸易增量上表现出较差的绩效;第三,从变化趋势上来看,总体来看,这一时期韩国各服务行业的MIIT指数变化不大,说明这一时期韩国各服务行业服务贸易增量的绩效基本上保持不变。

表 2-24　2001—2016 年中部分年份韩国服务贸易 MIIT 指数

	运输	旅游	通信	建筑	保险	金融	信息技术	专利权	其他商业服务	个人、文化、娱乐	政府服务
2001	−0.98	−1.00	−0.84	0.74	−1.00	−0.23	−0.36	−0.29	0.15	−0.93	0.70
2003	0.26	−0.23	−1.00	−0.59	0.97	−0.80	0.04	−0.24	−0.36	−0.66	1.00
2005	−0.30	−1.00	−1.00	0.68	−0.80	0.68	0.10	−0.19	−0.29	0.16	−0.62
2007	0.13	−0.80	0.02	0.68	−0.02	0.81	1.00	−1.00	−0.03	−0.53	−0.24
2009	−0.09	1.00	−0.97	0.63	−0.87	−1.00	0.33	−0.30	−0.71	0.80	0.45
2011	−1.00	0.30	−1.00	0.40	1.00	0.15	0.68	1.00	−0.01	1.00	−0.02
2013	−0.56	0.09	−0.16	−0.38	0.11	−0.41	0.46	−0.48	1.00	0.11	−1.00
2015	−0.41	−1.00	1.00	−0.69	−1.00	0.07	−0.24	1.00	−0.82	0.82	−1.00
2016	−0.51	−0.19	1.00	−0.55	−0.49	1.00	0.38	1.00	−0.88	0.82	−1.00
均值	−0.23	−0.29	−0.12	0.24	−0.12	0.06	0.05	−0.12	−0.22	0.14	−0.09

数据来源：根据 UN Comtrade 数据库中的相关数据计算而得，精确到小数点后两位。

第五节　本章小结

本章主要从中韩双边贸易商品结构、双边贸易强度、双边贸易竞争力和双边贸易模式等 4 个方面，对中韩货物贸易和服务贸易的变化进行了分析，目的在于通过分析中韩双边贸易的变化，为接下来分析中韩双边 FTA 对中韩贸易的影响提供事实依据。本章的分析得到以下结论。

首先，对中韩双边贸易商品结构的分析得到如下结论。

第一，在中韩两国双边贸易商品结构上，中韩双边货物贸易以资本和技术密集型行业为主，中国对韩国出口以劳动密集型行业为主，中国自韩国进口以资本和技术密集型行业的产品为主。

第二，从服务贸易情况来看，中国服务贸易出口主要集中在旅游、其他商业服务和运输这三类服务贸易上，中国服务贸易进口主要集中在旅游、运输和其他商业服务这三类服务上，运输、其他商业服务、建筑、保险等服务贸易进口所占比重总体呈下降趋势，建筑、信息技术、专利权和个人、文化、娱乐这 4 类服务贸易出口在韩国服务贸易出口中所占比重呈上升趋势，运输、旅游、政府服务等服务贸易出口在韩国服务贸易出口中所占比重总体呈下降趋势；运输、其他商业服务和旅游是这一时期韩国服务贸易进口的前三类服务产品，旅游、建筑、金融、信息技术四类服务贸易进口占这一时期韩国服务贸易进口的比重总体呈上升趋势,运输、通信服务贸易占韩国服务贸易进口的比重总体呈下降趋势。上述事实说明,在货物贸易领域,中国的比较优势集中在劳动密集型产品上,韩国的比较优势集中在资本和技术密集型产品上;在服务贸易领域,中国服务贸易的比较优势主要集中在资源和劳动密集型服务贸易上,但近年在技术密集型服务贸易产品上的比较优势有一定的提高,韩国的比较优势主要集中在资本密集和技术密集型服务产品上。

其次,对中韩贸易强度的分析,得出以下结论。

第一,在经济贸易上,韩国与中国之间存在着较强的依赖关系,韩国主要依赖于中国的出口市场,中国主要依赖于韩的进口市场,且依赖的强度有所增加。

第二,中国与韩国之间的贸易往来过程中,无论是进口强度指数,还是出口强度指数,多年以来的变动情况都存在着相似性,都是倒"U"型曲线。上述事实说明,两国在贸易上存在着互补性。

再次,对中韩贸易竞争力的分析,得出如下结论。

第一,从货物贸易领域来看,中韩两国在劳动密集型商品方面都具有一定的竞争力;韩国在资本密集型货物行业中的竞争力强于中国,韩国与中国存在着优势互补性;从中韩双边贸易的情况来看,在中韩双边贸易中,中国只在资源密集型行业中具有较弱的国际竞争力,在劳动密集型行业、资本和技术密集型行业中是具有比较劣势的,但在变化趋势上,中国与韩国竞争力的差距是不断缩小的。

第二,从服务贸易领域来看,中国服务贸易的竞争力更多地集中在劳动密集型服务行业和竞争资本密集型和技术密集型服务行业上,但近年在技术密集型服务行业上的竞争力提升较快;韩国服务贸易的竞争力主要集中在资本密集型服务业上,但近年在技术密集型服务业上的竞争力上升较快。

最后,针对中韩贸易模式的分析,得到如下结论。

第一,针对中韩货物贸易模式的分析表明,中国在部分资源密集型行业和劳动密集型行业上以产业间贸易为主,在大部分资本和技术密集型行业上,其贸易模式主要是以产业内贸易为主;韩国在资本和技术密集型行业上,是以产业内贸易为主,在部分资源密集型行业和劳动密集型行业,以产业间贸易为主;在双边贸易上,中韩两国在资源密集型行业和部分劳动密集型行业上,以产业间贸易为主,在资本和技术密集型行业上,以产业内贸易为主。上述事实也说明,从贸易模式的角度来看,中韩双边贸易存在一定的互补性。

第二,针对中韩货物贸易增量模式的分析表明,在贸易增量上,中国只在少数资本和技术密集型行业上的贸易增量是以产业内贸易为主的,在大多数资源密集型行业、劳动密集型行业、资本和技术密集型行业上的贸易增量是以产业间贸易为主的,在贸易增量的绩效上,中国在资本和技术密集型行业上贸易增量表现出较好的绩效,在资源密集型行业和劳动密集型行业上,贸易增量表现出较差的绩效;韩国只在少数资本和技术密集型行业上的贸易增量是以产业内贸易为主的,在资源密集型行业、劳动密集型行业、资本和技术密集型行业上的贸易增量是以产业间贸易为主的,在贸易增量的绩效上,韩国在部分劳动密集型行业、资本和技术密集型行业上贸易增量表现出较好的绩效,在资源密集型行业和大多数劳动密集型行业上,贸易增量表现出较差的绩效;在中韩双边贸易上,中韩双边贸易的增量只在少数行业上的贸易增量是以产业内贸易为主的,在贸易增量的绩效上,中国在中韩双边贸易中,只在部分劳动密集型行业上表现出较好的绩效,在绝大多数资源密集型行业、资本和技术密集型行业上,贸易增量表现出较差的绩效。

第三,针对中韩服务贸易模式的分析表明,中国在大部分服务行业上的贸易以产业内贸易为主,只在保险、专利权和个人、文化、娱乐等行业的服务贸易以产业间贸易为主;韩国在建筑、金融这两类服务贸易上是以产业间贸易为主。

第四,针对中韩服务贸易增量模式的分析表明,中国在运输、旅游、金融、信息技术、其他商业服务这5类服务贸易上的贸易增量,是以产业内贸易的形式实现的,在通信、建筑、保险、专利权、政府服务和个人、文化、娱乐这6类服务贸易上的贸易增量是以产业间贸易方式实现的;在贸易增量的绩效上,中国只在金融、信息技术、其他商业服务这3类服务贸易的MIIT指数为正,说明在上述3类服务贸易的贸易增量表现出较好的绩效;韩国表3-27计算了2001—2016年韩国各服务贸易行业MIIT指数的变化趋势,从中可以发现,第一,从这时期各行业服务贸易增量的实现方式来看,韩国在运输、通信、信息技术、专利权、其他商业服务和个人、文化、娱乐这6个行业上服务贸易增量是以产业内贸易的方式实现的,在贸易增量的绩效上,韩国仅在建筑、金融、信息技术这3个服务行业的服务贸易增量上表现出较好的绩效。

第三章 中韩FTA的历程和主要内容

本章将对中韩FTA的谈判历程和中韩FTA的主要内容进行分析,分析中韩FTA协议文本的主要内容、中韩两国各自在FTA中的利益所在以及中韩FTA的意义。

在资料来源上,文中对中韩FTA进行分析的文本基于中韩两国于2015年6月1日签订的《中华人民共和国政府和大韩民国政府自由贸易协定》,来源于中国自由贸易区服务网[①]。

这一章的结构如下:第一节,中韩FTA谈判历程回顾,主要对中韩双边FTA的谈判历程进行简要回顾;第二节,中韩双边FTA主要内容分析;第三节,中韩双边FTA利益分析;第四节,本章小结。

第一节 中韩FTA谈判历程回顾

一、中韩FTA的历史背景

自20世纪七八十年代以来,随着世界各国贸易经济联系的日益紧密,世界经济区域化、一体化进入了以双边自由贸易为主,多层次自由贸易同时发展的阶段。

从中韩双边贸易的情况来看,自1992年中韩两国建交以来,根据UN Comtrade数据库中对中韩双边货物贸易的统计数据,无论是出口、进口还是进出口,这一时期中韩双边贸易都是在不断增加的。其中,中国对韩出口由

---

① 中国自由贸易区服务网(http://fta.mofcom.gov.cn/)

1992年的约24亿美元上升到2016年的约937亿美元,增长约39倍;自韩国进口由1992年的约26亿美元上升到2016年的约1 590亿美元,增长约61倍;双边贸易进出口总额由1992年的约50亿美元上升到1992年的2 627亿美元,增长约53倍,中韩贸易额仅低于中美、中日贸易水平。而在韩国,中国已成为最大的贸易伙伴、最大的出口市场、最大的进口来源国和最大的海外直接投资对象。从双边贸易差额来看,这一时期中国对韩贸易始终处于贸易逆差的状态,贸易逆差额由1992年的2亿美元左右上涨到2016年的将近653亿美元,上升了约325倍,韩国已成为对华贸易顺差第一大国。

从中韩双边投资的情况来看,中韩两国互为对方重要的投资国。韩国对中国的对外直接投资最早始于1985年,1992年中韩两国建交后,伴随着中韩双边贸易的发展,中韩双边对外直接投资也得到了快速发展。1992年,韩国对华直接投资为1.19亿美元,根据中华人民共和国商务部的统计,2015年,韩国对华投资1 958个项目,同比增长25.7%,中国实际使用韩资40.3亿美元,同比增加1.7%。2016年1—7月,韩国对华投资1 208个项目,同比增长9.4%,中国实际使用韩资31.1亿美元,同比增长15.1%。截至2016年7月底,韩累计对华投资项目数60948个,实际投资额670.5亿美元。从中国对韩直接投资的情况来看,中国对韩直接投资始于进入21世纪后,随着中国经济的快速发展和对韩贸易的增加,中国对韩直接投资也随之快速发展。同样是根据中华人民共和国商务部的统计,2003年,中国对韩直接投资1.54亿美元,占当年中国对外直接投资的5.39%,2014年中国在海外直接投资1 028.9亿美元,其中对韩投资就达到11.9亿美元,比2013年增长了148%,远远高于中国对外投资增长的平均水平。2015年,中国对韩非金融类直接投资5.09亿美元,同比增加21.4%。2016年1—6月,中国对韩非金融类直接投资4.4亿美元,同比增长24.8%。截至2016年7月底,中国累计对韩直接投资37.2亿美元。韩国已成为中国第二大外资来源国,中国同样是韩国第二大投资对象国。

上述双边贸易和投资的相关数据充分说明,正是中韩双边贸易和投资的快速增长,为中韩双边FTA的签订提供了坚持的基础。

二、中韩双边FTA签订历程回顾

进入21世纪后,伴随着中韩双边贸易和投资的迅速发展,中韩FTA的签署也被中韩两国提上日程,从 2014 年 9 月中韩两国首次提出签订中韩 FTA 的构想到 2016 年 1 月 1 日中韩 FTA 正式实施,前后经历了 12 年的历程[①]。

接下来,本书对中韩 FTA 的签订历程进行简要回顾。总体来说,中韩 FTA 的签订,从 2004 年 9 月中韩两国达成协议到 2016 年 1 月 1 日中韩 FTA 正式实施,在 12 年的历程中,大致可以分为三个阶段。

第一阶段为中韩两国的民间和官方的智库对与中韩 FTA 相关的问题进行学术研究的阶段,这一阶段自 2004 年 9 月"中韩两国的经贸部长在'东盟 10＋3'财长会议上就民间层面联合研究韩中自由贸易协定(中韩 FTA)一事达成协议"开始,至 2010 年 5 月"中韩两国经贸部长签署关于完成 FTA 产官学共同研究的谅解备忘录"为止,历时 6 年左右。这一阶段,以中韩两国首脑缔结中韩双边 FTA 达成共识为契机,中韩两国的民间智库和官方智库对中韩签订双边 FTA 协定的利弊进行了广泛的分析和讨论,最终于 2010 年 5 月 28 日,韩中经贸部长签署关于完成 FTA 产官学共同研究的谅解备忘录,为接下来中韩两国进行双边 FTA 谈判奠定了坚实基础。

具体来看,这一时间段的主要事件包括以下几项。

2004 年 9 月,中韩两国的经贸部长在"东盟 10＋3"财长会议上就民间层面联合研究韩中自由贸易协定(中韩 FTA)一事达成协议。

2004 年 11 月,时任中华人民共和国国家主席的胡锦涛和时任韩国总统的卢武铉在智利首都圣地亚哥参加 APEC 领导人会议期间,两国领导人就加强双边经济合作、缔结中韩 FTA 达成共识,共同宣布启动中韩 FTA 可行性的民间研究,这一事件标志着中韩 FTA 的可行性研究正式开始实施。

2005 年—2006 年,中国国务院发展研究中心(DRC)和韩国对外经济政策研究院(KIEP)开展有关中韩 FTA 的可行性研究。

2006 年 11 月 17 日,中韩两国经贸部长在亚太经济合作组织高官会上就双方产官学联合研究中韩 FTA 达成协议。

2007 年 3 月—2010 年 5 月,中韩两国的民间和官方的智库开始进行与中韩 FTA 相关的产官学共同研究。

2010 年 5 月 28 日,中韩两国经贸部长签署关于完成 FTA 产官学共同研

---

① 新华社快讯:中韩自贸区结束实质性谈判 韩国打开 13 亿人市场. http://business.sohu.com/20141110/n405916673.shtml. 、中国自由贸易区服务网和中华人民共和国商务部网站。

究的谅解备忘录,标志着中韩两国民间和官方智库对与中韩 FTA 相关的研究工作顺利完成。

中韩 FTA 的第二阶段是中韩两国的谈判阶段,这一阶段从 2010 年 9 月中韩两国召开有关中韩 FTA 的第一次工作会议开始,至 2014 年 11 月中韩两国签署了一系列双边合作文件为止。这一阶段,在长达 4 年的时间里,进行了 14 轮的双边谈判,谈判内容涉及货物贸易、服务贸易、投资、贸易救济、技术性贸易壁垒、原产地规则、争端解决机制、知识产权保护、贸易与环境等众多议题,这些敏感议题的解决,为最终签署中韩 FTA 扫清了障碍。具体来看,可以将这一阶段的中韩 FTA 的谈判进一步划分为以下几个子阶段。

第一个子阶段是 2010 年 9 月—2012 年 5 月,这一阶段可以称为谈判前的准备阶段,主要包括中韩两国对敏感问题进行初步的协商、韩国就中韩 FTA 举行谈判前的听证会等。具体来看,这一阶段的主要事件包括以下内容。

2010 年 9 月 28 日,中韩在北京召开有关中韩 FTA 的第一次工作会议,就敏感问题进行了协商。

2012 年 1 月 9 日,时任韩国总统的李明博和时任中国国家主席的胡锦涛就启动中韩 FTA 谈判达成协议。

2012 年 2 月 24 日,为启动中韩 FTA 谈判,韩国首次进行中韩 FTA 听证会。

2012 年 3 月至 4 月,中韩两国召开有关签署韩中 FTA 的工作会议。

2012 年 5 月 2 日,中韩两国正式宣布启动 FTA 谈判。

这一阶段的第二个子阶段是中韩 FTA 的正式谈判阶段,这一阶段的起始时间以 2012 年 5 月 2 日,中韩两国正式宣布启动 FTA 谈判为标志,终止时间为 2014 年 11 月 10 日,中韩两国签署了一系列双边合作文件,包括中韩两国政府关于结束中国—韩国自由贸易协定谈判的会议纪要,中韩两国政府关于互免持外交、公务护照人员签证的协定等。在这一子阶段中,在两年半的时间里,中韩两国共进行了 14 轮的谈判,在这 14 轮的谈判中,前 10 轮谈判主要针对的是货物贸易中的关税减让等问题来进行的,从 2014 年 5 月份开始的第 11 轮谈判到 2014 年 11 月的第 14 轮谈判,双边进行到与服务贸易和投资相关的议题相关的谈判中。

具体来看,这一阶段的主要事件包括以下内容。

2012 年 5 月 14 日,中韩两国在北京举行第一轮中韩 FTA 谈判,设立以双方首席代表为共同秘书长的贸易谈判委员会(TNC)。

2012年7月2日,中韩两国的谈判代表在济州岛举行中韩FTA第二轮谈判,就商品、服务、投资等领域的谈判指南进行磋商。

2012年8月16日,中韩两国的谈判代表在中国威海举行中韩FTA第三轮谈判。

2012年10月30日,中韩两国的谈判代表在韩国庆州举行中韩FTA第四轮谈判。

2012年4月15日,中韩两国的谈判代表在中国哈尔滨举行中韩FTA第五轮谈判,就原产地和通关手续等"基本方针(modality)"达成协议。

2013年6月27日,韩国总统与中国国家主席习近平在北京举行首脑会谈,就签署高水平的中韩FTA达成共识。

2013年7月2日,中韩两国的谈判代表在韩车釜山举行中韩FTA第六轮谈判,就开放水平、一般·敏感·超敏感商品比重进行磋商。

2013年9月5日,中韩两国的谈判代表在中国潍坊举行中韩FTA第七轮谈判,就"基本方针(Modality)"达成共识。中韩FTA第一阶段谈判基本完成。

2013年11月18至22日,中韩两国的谈判代表在韩国仁川举行中韩FTA第八轮谈判,中韩双方互换商品关税减让表,就产品的开放程度进行磋商。

2014年1月6至10日,中韩两国的谈判代表在中国西安举行中韩FTA第九轮谈判,中韩双方互换包括超敏感产品清单在内的所有清单和商品关税减让表,就商品的开放程度进行磋商,但未能缩小意见分歧。

2014年3月17至21日,中韩两国的谈判代表在韩国京畿道的一山举行中韩FTA第十轮谈判,双方根据在第九轮谈判中互换的包括超敏感产品清单在内的所有清单,针对各类产品进行关税谈判,但没有取得积极进展。

2014年5月26至30日,中韩两国的谈判代表在中国成都进行中韩FTA第十一轮谈判,就竞争领域相关规则中的普通原则达成协议,商定在竞争领域进行合作。

2014年7月3日,韩国总统朴槿惠和中国国家主席习近平在韩国首都首尔举行首脑会谈,就争取在年底前完成韩中FTA谈判达成一致。

2014年7月14至18日,中韩两国的谈判代表在韩国大邱举行中韩FTA第十二轮谈判,就服务贸易、投资领域的自由化方式达成一致。

第三章 中韩FTA的历程和主要内容

2014年9月22至26日,中韩两国的谈判代表在中国北京举行中韩FTA第十三轮谈判,就四个领域达成一致,但就货物贸易领域未能缩小分歧。

2014年11月6日,中韩两国的谈判代表在中国北京举行FTA第十四轮谈判。

2014年11月10日,中韩两国签署了一系列双边合作文件,包括中韩两国政府关于结束中国—韩国自由贸易协定谈判的会议纪要,中韩两国政府关于互免持外交、公务护照人员签证的协定等。上述文件的签订标志着中韩FTA谈判正式结束,中韩FTA将进入实质性推进阶段。韩国总统和中国国家主席习近平在北京共同宣布中韩FTA实质性谈判结束。

第三阶段为中韩双边FTA的最终签署阶段,时间点为2015年2月至2015年12月20日,这一阶段以中韩双边FTA的初步签署并公开中韩双边FTA的英文文本为起点,标志着中韩两国正式开始了双边FTA的一系列文件的签署。至2015年11月30日,韩国国会经讨论,以196票赞成、33票反对、36票弃权的表决结果通过了中韩(FTA)批准案,正式批准了中韩FTA,由于此前中华人民共和国国务院已经在中华人民共和国全国人民代表大会授权签署《中韩自贸协定》,因此,韩国国会批准中韩FTA,标志着中韩双边FTA已经完成了立法工作。接下来,2015年12月20日,中韩FTA正式生效,标志着中韩FTA从酝酿到最终生效,历时12年的历程结束。

具体来看,这一阶段的主要事件包括以下内容。

2015年2月25日,中韩两国初步签署了中韩FTA,并公开《中华人民共和国政府和大韩民国政府自由贸易协定》的英文文本。

2015年3月25日,韩国产业部公开中韩FTA韩文版,开始征求公众意见。

2015年5月26日,韩政府审议中韩FTA协定。

2015年6月1日,中国商务部部长高虎城代表中国政府在韩国首尔与韩国产业通商资源部长官尹相直共同签署了《中华人民共和国政府和大韩民国政府自由贸易协定》。国家主席习近平与韩国总统6月1日就中韩两国正式签署《中华人民共和国政府和大韩民国政府自由贸易协定》互致贺信。

2015年11月30日,韩国国会经讨论,以196票赞成、33票反对、36票弃权的表决结果通过了《中华人民共和国政府和大韩民国政府自由贸易协定》批准案,正式批准了中韩FTA。中韩FTA也成为中国迄今为止涉及国别贸易额最大、领域范围最为全面的双边FTA协定。中韩FTA签署后,须经过两国国内批准程序,还有两国交换公文等程序才能最终生效。

2015年12月20日,《中华人民共和国政府和大韩民国政府自由贸易协定》正式生效。

第二节 中韩FTA的主要内容

中韩FTA虽然不是中国与发达国家和地区签署的第一个自由贸易协定,但却是中国迄今为止涉及国别贸易额最大、领域范围最为全面的自贸协定。

从中韩FTA的文本内容来看,中韩FTA除了序言外,共计22章,包括关税减让表在内的11个附件,22章。主要包括以下主要内容:初始条款定义、国民待遇与市场准入、原产地规则和实施程序、海关程序与贸易便利化、卫生与植物卫生措施、技术性贸易壁垒、贸易救济、服务贸易、金融服务、电信、自然人移动、投资、电子商务、竞争政策、知识产权、环境与贸易、经济合作、透明度、机构条款、争端解决、例外、最终条款。附件包括:削减或取消关税、韩方关税减让表、中方关税减让表、总体解释性说明、产品特定原产地规则、货物清单、原产地证书、韩方具体承诺减让表、中方具体承诺减让表、合作拍摄电影、电视剧纪录片动画片共同制作等共计11个附件。

总体来说,中韩FTA范围涵盖货物贸易、服务贸易、投资和规则等17个领域,既包括诸如关税减让在内的传统的贸易议题,也包含了诸如电子商务、竞争政策、政府采购、环境等"21世纪经贸议题"。

接下来,本书将对中韩FTA中的货物贸易、服务贸易、投资和规则以及"21世纪议题"等相关内容进行具体分析。

在货物贸易方面,本书将首先对中韩FTA中的关税减让情况进行分析;其次,将对中韩FTA中的原产地规则进行简要分析。

在服务贸易方面,中韩FTA仍采用正面清单的方式,而没有采用负面清单的方式,涉及跨境交易、境外消费、商业存在和自然人流动这4种服务贸易提供方式,因此,本书将首先对中国和韩国在服务贸易领域的承诺和减让情况进行具体分析,其次,将采用Hoekman指数来分析中韩两国在服务贸易领域的限制程度。

在投资方面,主要从国民待遇、最惠国待遇、透明度等方面,对中韩双边投资进行了明确规定,本书将对上述问题进行分析。

在规则方面,则通过明确争端解决机制的解决方案,为中韩 FTA 提供规则。

在"21 世纪经贸议题"方面,则通过在中韩 FTA 中加入诸如电子商务、竞争政策、政府采购、知识产权、环境与贸易等议题,体现了中韩 FTA 的前瞻性。

接下来,本书将分别从货物贸易、服务贸易、投资、"21 世纪经贸议题"等方面,来简要分析中韩 FTA 的主要内容。若无明确说明,本章中所使用的资料均来自中国自由贸易区服务网中的《中国－韩国自由贸易协定》的协定文本。

一、中韩 FTA 关于货物贸易的主要内容分析

(一)关税减让

在货物贸易方面,中韩 FTA 规定,中韩两国将通过逐步削减关税的方式,最终实现减少关税或消除关税的目的。

中韩 FTA 中,基本要求是:缔约方的关税减让表中降税分类"0"中的税目所规定的原产货物关税应完全取消,该类货物应自在本协定生效之日起免除关税;缔约方的关税减让表中的降税分类"5"中的税目所规定的原产货物关税应自本协定生效之日起 5 年内等比例减让,该类货物应自第 5 年 1 月 1 日起免除关税;缔约方的关税减让表中降税分类"10"中的税目所规定的原产货物的关税应自本协定生效之日起 10 年内等比削减,该类货物应自第 10 年 1 月 1 日起免除关税;缔约方的关税减让表中降税分类"10-A"中的税目所规定的原产货物的关税将在第 1 至 8 年保持基准税率,自第 9 年 1 月 1 日起 2 年内等比削减,该类货物应自第 10 年 1 月 1 日起免除关税;缔约方的关税减让表中降税分类"15"中的税目所规定的原产货物的关税应自本协定生效之日起 15 年内等比削减,该类货物应自第 15 年 1 月 1 日起免除关税;缔约方的关税减让表中降税分类"20"中的税目所规定的原产货物关税应自本协定生效之日起 20 年内等比削减,该类货物应自第 20 年 1 月 1 日起免除关税;缔约方的关税减让表中降税分类"PR-10"中的税目所规定的原产货物关税应自本协定生效之日起 5 年内等比削减基准税率的 10%,该类货物应自第 5 年 1 月 1 日起保持

基准税率的 90%；缔约方的关税减让表中降税分类"PR-20"中的税目所规定的原产货物关税应自本协定生效之日起 5 年内等比削减基准税率的 20%，该类货物应自第 5 年 1 月 1 日起保持基准税率的 80%；缔约方的关税减让表中降税分类"PR-30"中的税目所规定的原产货物关税应自本协定生效之日起 5 年内等比削减基准税率的 30%，该类货物应自第 5 年 1 月 1 日起保持基准税率的 70%；缔约方的关税减让表中降税分类"E"中的税目所规定的原产货物关税应保持基准税率。

从中方的减让情况来看，中方的关税减让表中降税分类"15-A"中税目所规定的原产货物的关税应在第 1 至 10 年保持基准税率，自第 11 年 1 月 1 日起 5 年内等比例减让，该类货物应自第 15 年 1 月 1 日起免除关税；中方关税减让表中降税分类"PR-8"中的税目所规定的原产货物关税应自本协定生效之日起 5 年内等比削减基准税率的 8%，该类货物税率应自第 5 年 1 月 1 日起保持基准税率的 92%；中方关税减让表中降税分类"PR-15"中的税目所规定的原产货物关税应自本协定生效之日起 5 年内等比削减基准税率的 15%，该类货物税率应自第 5 年 1 月 1 日起保持基准税率的 85%；中方关税减让表中降税分类"PR-35"中的税目所规定的原产货物关税应自本协定生效之日起 5 年内等比例削减基准税率的 35%，该类货物税率应自第 5 年 1 月 1 日起保持基准税率的 65%；中方关税减让表中降税分类"PR-50"中的税目所规定的原产货物关税应自本协定生效之日起 5 年内等比削减基准税率的 50%，该类货物税率应自第 5 年 1 月 1 日起保持基准税率的 50%。

从韩国关税减让的情况来看，第一，韩国关税减让表中降税分类"20-A"中的税目所规定的原产货物关税应在第 1 至 10 年保持基准税率，自第 11 年 1 月 1 日起 10 年内等比例削减，该类货物应自第 20 年 1 月 1 日起免除关税；第二，韩国关税减让表中降税分类"20-B"中的税目所规定的原产货物的关税应在第 1 至 12 年保持基准税率，自第 13 年 1 月 1 日起 8 年内按等比例削减，该类货物应自第 20 年 1 月 1 日起免除关税；第三，韩国关税减让表中降税分类"PR-1"中的税目所规定的原产货物关税应自本协定生效之日起削减基准税率的 1%；第四，韩国关税减让表中降税分类"PR-130"中的税目所规定的原产货物关税应自本协定生效之日起从价计 10 年内等比削减至 130%，该类货物应自第 10 年 1 月 1 日起保持从价计 130% 的税率。

为进一步分析中韩两国关税减让的程度，根据中韩 FTA 中韩国的关税减让表,本书通过中韩FTA中韩国的关税减让表下产品编码对应的降税分类的编号,统计了中韩两国的每一类降税编号下的产品编码的数目,计算结果如表3-1中小括号内的数字所示,在此基础上,图3-1计算了中国每一类降税分类下的税目占全部税目的比重,图3-2计算了韩国每一类降税分类下的税目占全部税目的比重。根据表3-1和图3-1、图3-2可以发现,从中国的关税减让情况来看,中国在中韩FTA协定生效之日起免除关税的条目为1 679个,占全部关税条目的20.13%,降税分类"5"中的税目,即在5年内取消关税的税目达到了1 677个,降税分类"10"中的税目,即在10年内取消关税的税目达到了2 498个,三者合计占到了中国全部税目的71.43%,也就是说,在中韩FTA签订后,中国对韩出口的产品中,有20%的产品会在中韩FTA生效后即取消关税,有70%的产品会在中韩FTA签订的10年内关税降为0,与之对应的是,中韩FTA签订后,关税税率始终不会降为0的产品仅占全部商品的9.28%。

韩国在协定生效之日起免除关税的条目最多,达到了6 094个税目,降税分类"5"中的税目,即在5年内取消关税的税目达到了1 433个,降税分类"10"中的税目,即在10年内取消关税的税目达到了2 147个,三者合计占到了韩国全部税目的79.55%,也就是说,在中韩FTA签订后,中国对韩出口的产品中,有50%的产品会在中韩FTA生效后即取消关税,有将近80%的产品会在中韩FTA签订的10年内关税降为0,与之对应的是,中韩FTA签订后,关税税率始终不会降为0的产品仅占全部商品的7.47%。

进一步对比图3-1和图3-2中的中国和韩国的关税减让情况可以发现,虽然与韩国相比,中国在FTA生效之日起就免除关税的税目在全部税目中所占比重低于韩国(20.14%:50.11%),但如果从中韩FTA生效后15年内免除关税税目占全部关税税目的比重来看,中韩两国相差不多(71.43%:79.55%),如果从中韩FTA生效后20年内免除关税税目占全部关税税目的比重来看,中韩两国的比重分别为84.96%:92.53%,二者仅相差不到8个百分点。上述内容说明,虽然短期来看,在关税减让的幅度上,韩国高于中国,但从长期来看,中韩两国的关税减让幅度相差不多,但韩国的关税减让幅度略高于中国,这说明,虽然在短期内,相对于韩国,中国可能从中韩FTA中获得更多的利益,但从长期来看,中韩两国在中韩FTA中的获益相差不多,两国均可以由于中韩FTA中的关税减让而从中获益。

通过对比中韩两国的关税减让的目录可以发现,虽然中韩两国在中韩

FTA签订20年后大部分关税均会下降为0，但是，中韩两国在关税减让的幅度上，仍旧充分考虑到了两国的国情和比较优势，对于各自具有比较优势的税目，可以做到关税减让，但是，对于关乎国家利益的税目，两国仍未进行关税的减让。因此，从长期来看，随着中韩两国在货物贸易行业比较优势的变化，中韩两国的关税减让目录仍有可能进一步地放开。

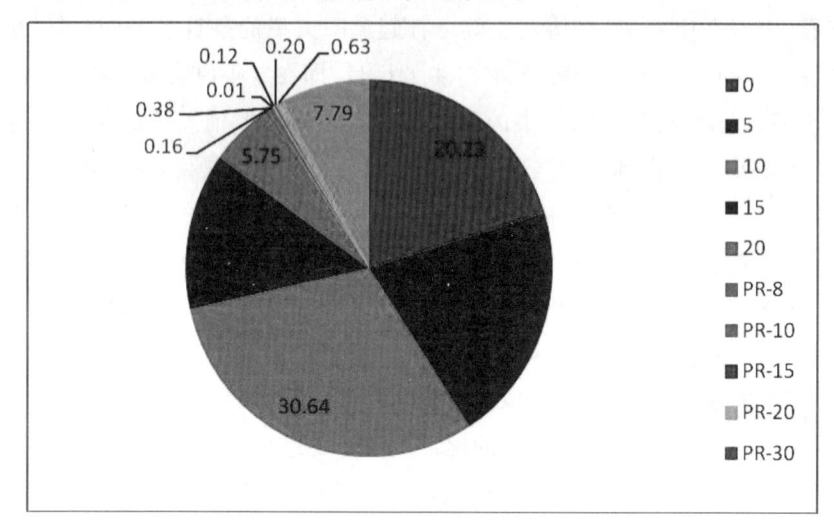

图 3-1　中国不同降税分类占全部税目的比重

资料来源：根据《中华人民共和国政府和大韩民国政府自由贸易协定》中中国关税减让表中的相关内容整理而得。

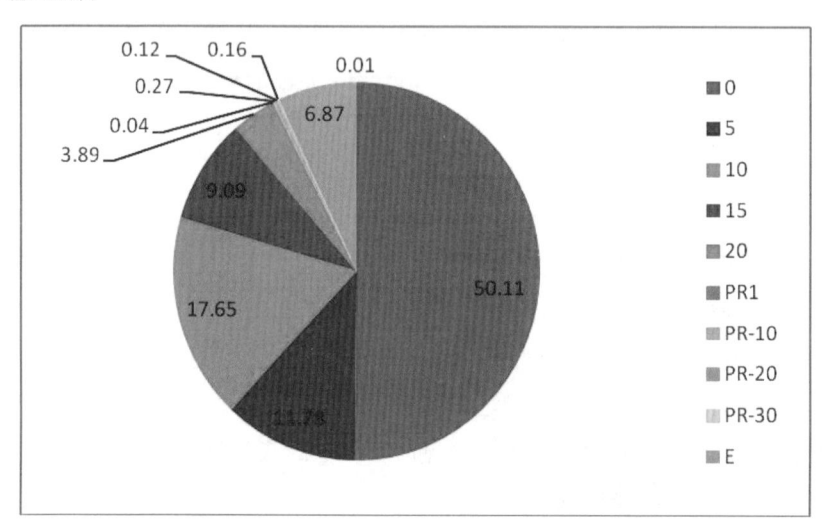

图 3-2　韩国不同降税分类占全部税目的比重

资料来源:根据《中华人民共和国政府和大韩民国政府自由贸易协定》中韩国关税减让表中的相关内容整理而得。

表 3-1 中韩 FTA 关税减让汇总表

时间	取消关税的税目	中方关税减让表	韩方关税减让表
协定生效之日起免除关税	降税分类"0"中的税目	降税分类"0"中的税目(1 649个)	降税分类"0"中的税目(6 094个)
协定生效之日起至第5年免内除关税	降税分类"5"中的税目	降税分类"5"中的税目(1 677个)	降税分类"5"中的税目(1 433个)
协定生效之日起至第10年内免除关税	降税分类"10"中的税目、降税分类"10-A"中的税目、	降税分类"10"中的税目、降税分类"10-A"中的税目(2 498个)	降税分类"10"中的税目(2 147个)
协定生效之日起至第15年内免除关税	降税分类"15"中的税目	降税分类"15-A"中税目(1 103个)	降税分类"15"中的税目(1 106个)
协定生效之日起16~20年内免除关税	降税分类"20"中的税目	降税分类"20"中的税目(469个)	降税分类"20-A"中和"20-B"的税目(合计473个)
协定生效之日起5年内部分降低关税	降税分类"PR-10"中的税目自第5年起保持基准关税的90%;降税分类"PR-20"中的税目自第5年起保持基准关税的80%;降税分类"PR-30"中的税目第5年起保持基准关税的70%	降税分类"PR-8"中的税目自第5年起保持基准税率的92%(13个);降税分类"PR-10"中的税目自第5年起保持基准税率的90%(31个);降税分类"PR-15"中的税目自第5年起保持基准税率的85%(1个);降税分类"PR-20"中的税目自第5年起保持基准税率的80%(10个)个;降税分类"PR-30"中的税目自第5年起保持基准税率的70%(16个);降税分类"PR-35"中的税目自第5年起保持基准税率的65%(51个)	降税分类"PR-1"中的税目保持99%的关税(5个);降税分类"PR-10"中的税目自第5年起保持基准关税的90%(33个);降税分类"PR-20"中的税目自第5年起保持基准关税的80%(15个);降税分类"PR-30"中的税目第5年起保持基准关税的70%(19个)
保持基准税率	降税分类"E"中的税目所规定的原产货物关税应保持基准税率	降税分类"E"中的税目所规定的原产货物关税应保持基准税率(635个)	降税分类"E"中的税目所规定的原产货物关税应保持基准税率(836个)

(续表)

时间	取消关税的税目	中方关税减让表	韩方关税减让表
其他			PR-130"中的税目自本协定生效之日起从价计10年内等比削减至130%,该类货物应自第10年1月1日起保持从价计130%的税率(1个)

资料来源:根据《中华人民共和国政府和大韩民国政府自由贸易协定》中关税减让表中的相关内容整理而得,小括号内为关税税目的个数。

(二)原产地规则

在中韩 FTA 中有关货物贸易的原产地规则的规定上,主要包括以下内容。第一,明确确定了确认原地产规则的标准,即货物生产中使用的一缔约方出口的原产材料价值不低于全部材料价值的60%,对应的,非原产材料的总价值不超过申明获得原产资格最终货物 FOB 价格的40%。第二,给出了在原产地规则中的累积规则,即一缔约方的原产货物或材料在另一缔约方用于生产另一货物时,该货物或材料应当视为原产于后一缔约方。第三,包括产自朝鲜开城工业园区的产品在内的共310项品目获得韩国原产地资格,在中韩 FTA 生效后可立刻享受关税优惠。

二、中韩 FTA 关于服务贸易的主要内容

在服务贸易方面,中韩 FTA 目前是基于正面清单的方式进行的,但是,中韩两国承诺,在协定签署后将以负面清单模式继续开展服务贸易谈判,并基于准入前国民待遇和负面清单模式开展投资谈判。

在中韩 FTA 中关于服务贸易的条款中,包括国民待遇、国内规制、透明度、垄断与专营、补贴、商业惯例等方面的内容。具体来看,中韩 FTA 中关于服务贸易的承诺,包括以下内容。

总体来看,中韩两国在服务贸易领域的承诺包括市场准入限制、国民待遇限制和其他承诺,涉及跨境提供、境外消费、商业存在和自然人流动四种服务贸易提供方式,包括水平承诺和具体承诺。接下来,本书将具体分析中国和韩

国在中韩双边自由贸易协定中在水平承诺和具体承诺这两个层面,在市场准许限制、国民待遇和其他承诺这三个方面,基于跨境交易、境外消费、商业存在和自然人流动这四种服务贸易提供方式的相关承诺。

在接下来的部分中,本书首先根据中韩FTA中的"附件8-A-1:韩国具体承诺减让表"和"附件8-A-2:中国具体承诺减让表"的相关内容,具体分析中韩两国在服务贸易领域的具体承诺;然后,根据B. Hoekman(1995)提出的计算一国在服务贸易领域限制程度的Hoekman指数为基础,计算在中韩FTA中,中韩两国在服务贸易领域的开放程度;最后,根据上述分析,给出本部分的小结。

(一)中国在服务贸易方面的具体承诺

中国的水平承诺包括以下几个方面。在市场准入方面的承诺主要涉及外商投资企业包括外资企业(也称为外商独资企业)和合资企业,合资企业有两种类型:股权式合资企业和契约式合资企业,股权式合资企业中的外资比例不得少于该合资企业注册资本的25%。由于关于外国企业分支机构的法律和法规正在制订中,因此对于韩国企业在中国设立分支机构不作承诺,除非在具体分部门中另有标明。允许在中国设立韩国企业的代表处,但代表处不得从事任何营利性活动,在CPC861(法律服务)、CPC862(会计、审计和簿记服务)、CPC863(税收部门)和CPC865(管理咨询服务)下部门具体承诺中的代表处除外。在国民待遇限制方面,中国在视听服务、空运服务和医疗服务部门中的国内服务提供者的所有现有补贴不做承诺。除中国入世做出的承诺外,对于给予国内服务提供者的所有补贴不做承诺。对于各个合同协议或股权协议,或设立或批准现有韩国服务提供者从事经营或提供服务的许可中所列所有权、经营和活动范围的条件,将不会使之比中国加入WTO之日时更具限制性。中国入世后新加入减让表的部门或分部门不受以上承诺的限制。

中国的具体承诺的主要内容包括以下几个方面。

首先,在市场准入限制方面,总的来说,中国对韩方采用的正面清单的形式,只有中方做出具体承诺的服务部门,韩方才可以进入,而对于中方没有做出具体承诺的服务部门,则韩方无权进入该部门。从中方所做出的具体承诺来看,第一,中国在跨境交易和境外消费这两种服务贸易提供方式上,对韩方几乎没有做出限制,所做出的限制仅仅存在于其他商业服务、电信服务中对跨境交易的限制、建筑及相关工程服务中对跨境交易不做承诺、分销服务和邮政服务中对跨境交易不做承诺、环境咨询服务中对跨境提供不做承诺、保险服中对跨境交易的限制、辅助运输服务中对跨境提供的限制等。在市场准入方面,中国在对韩国企业在跨境交易和境外消费这两种服务贸易提供方式上的限制相对较少。第二,中国对韩国服务企业的限制主要集中以商业存在提供的服务贸易上,这些限制包括了绝大多数服务部门,如果以大类的服务部门来看,这些限制涵盖了专业服务、通信服务、建筑及相关服务、分销服务、教育服务、环境服务、金融服务、娱乐、文化和体育服务、运输服务、辅助服务等10大服务部门,仅在旅游服务中,中国对韩方在以商业存在的方式提供的服务上,没有限制,从细分的行业的角度来看,中国对韩国企业的限制主要集中在与国家安全、意识形态安全和人民群众健康安全密切相关的服务行业上,而在诸如计算机服务、管理咨询服务、建筑物清洁服务、包装服务、零售服务、特许经营服务、部分环境服务等在传统意义上可以被认为是完全竞争行业的服务部门,中方在韩方以商业存在方式提供的服务上,允许韩方设立独资公司,而没对其进行限制。第三,中方的主要限制手段包括对企业资质的限制、韩方企业持股比例的限制、经营地域限制、从业人员学历和从业年限的限制等。第四,在以自然人流动方式提供的服务贸易上,中国基本上是在水平承诺,即除自然人移动章所做承诺外,不做承诺。具体要求是:在不要求取得工作许可的情况下,给予韩国的商务访问者和服务销售人员入境和临时居留的期限不得超过90天;对于韩国公司内部流动人员,允许其入境和临时居留的期限最长不超过3年;对于合同服务提供者,中方给予入境和临时居留期限最长不超过一年或者根据合同期限确定,以二者中时限较短的为准。

其次,在国民待遇方面,总的来看,中国在视听服务、空运服务和医疗服务部门中的国内服务提供者的所有现有补贴不做承诺;除中国入世做出的承诺外,对于给予国内服务提供者的所有补贴不做承诺。具体来看,中国在绝大多数服务行业对韩方提供国民待遇,只在部分行业采取一定的限制。这些部门包括:第一,在法律服务方面,中方要求韩方所有代表均应每年在中国居住不少于六个月,且不得雇佣中国国家注册律师。第二,在陆上石油服务方面,中方要求韩方服务提供者应准确并迅速地向中国石油天然气总公司提供关于石油经营的报告,并应向中国石油天然气总公司提交与石油经营有关的所有数据和样品以及各种技术、经济、会计和管理报告;韩国服务提供者的投资应以美元或其他硬通货支付。第三,在保险及相关服务方面,中方规定韩国保险机构不得从事法定保险业务。第四,在旅行社和旅游经营者服务(CPC7471)上,中方要求韩方合资或独资旅行社和旅游经营者不允许从事中国公民出境及赴中国香港、中国澳门和中国台北的旅游业务。

最后,在其他承诺方面,中国仅在部分部门进行了承诺,具体包括以下几个部门。第一,中国在会计、审计和簿记服务(CPC862)中规定,允许韩国会计师事务所与中国会计师事务所结成联合所,并与其他 WTO 成员中的联合所订立合作合同;在对通过中国国家注册会计师资格考试的韩国人发放执业许可方面,应给予国民待遇。第二,中国在以 CPC867 开头的建筑类服务中承诺允许在评估韩国服务提供者(无论是否在中国)在中国设立工程设计企业的资质时,将合同履行情况作为评估的标准之一。第三,在视听服务中,中方承诺,在不损害与中国关于电影管理的法规的一致性的情况下,中国将允许以分账形式从外国进口电影用于影院放映,此类进口的数量应为每年 20 部。第四,在以 CPC51 开头的建筑及相关工程服务中,中方承诺允许在评估韩国服务提供者(无论是否在中国)在中国设立的建筑企业的资质时,将合同履行情况作为评估的标准之一。第五,在批发和零售这两类服务中,中方承诺允许韩国投资企业分销其在中国生产的产品。第六,在金融租赁服务中,中方允许韩国金融租赁公司与国内公司在相同时间提供金融租赁服务。第七,在海运服务中,中方承诺韩方可以以合理和非歧视的条款和条件使国际海运提供者可获得必要的港口服务。

(二)韩国在服务贸易方面的承诺

韩国的水平承诺包括以下几个方面。

第一,在市场准许限制方面,针对以商业存在方式提供的服务贸易,韩方要求中国自然人和法人收购国内现有能源和航空企业的发行股票可能有一定的限制。外国投资新私有化企业可能有一定的限制;针对以自然人流动方式提供的服务贸易,韩方除根据自然人移动一章所做承诺外不做承诺。针对自然人流动方式提供的服务贸易包括:1.在不要求取得工作许可的情况下,给予中国的商务访问者入境和临时居留的期限不得超过 90 天;2.对于中国公司的内部流动人员,给予其入境和临时居留的期限最长不超过 3 年,如果其依据的条件仍然有效,该期限可以延长;3.对于中国的合同服务提供者,韩国规定,给予入境和临时居留期限最长不超过一年或者根据合同期限确定,以二者中时限较短的为准;4.对于可能会要求进行劳动力市场测试,以此作为合同服务提供者临时入境的条件,或者对合同服务提供者的临时入境实施数量限制。

第二,在国际待遇方面,韩方一是对研发补贴不做承诺;二是除以下三种情况外,韩方对于收购土地不做承诺。这三种情况包括:1.允许不被《外国人收购土地法》视为外国的企业收购土地;2.允许被《外国人收购土地法》视为外国的企业及外国企业分支机构收购土地,但需根据该法获得批准或通知,并基于以下合法商业目的:(1)用于正常商业活动期间的服务;(2)根据相关法律向企业高级职工提供住房;(3)根据相关法律用以满足土地占有需求;3.根据相关法律,包括税收优惠在内的资格补贴仅限于在韩国成立的企业有所限制。

第三,在其附加承诺方面,韩方对被《金融投资服务和资本市场法》视为外国人的居民在韩国投资股票市场,给予其国民待遇。

韩国的具体承诺的主要内容包括以下几个方面。

首先,在市场准入限制方面的具体承诺包括以下几点。第一,在针对以跨境交易的方式提供的服务贸易上,会计、审计和簿记服务、税收服务、地面勘测服务、地图绘制服务、摄影服务、教育服务、排污服务、固体废物处理服务、保险服务、银行及其他金融服务、饭店和餐馆服务、娱乐服务、海运辅助服务、港口储存服务、海运报关服务、集装箱堆场服务、铁路运输服务、公路运输服务、管道运输服务、其他运输服务等各项类服务均没有做出承诺,建筑设计服务要求以商业存在的形式提供服务,佣金代理服务、批发服务、零售服务中对药品和医疗产品不作承诺,成人教育服务对健康和医学相关的成人教育服务不做承诺,速递服务的服务提供仅限于空运和海运的模式,电信服务的所有服务提供将受到与韩国注册服务提供商的商业安排的限制。第二,在针对以境外消费作为服务贸易提供方式的服务上,在金融咨询、中介服务机构和其他辅助机构、信用信息服务、资产管理、银行及其他金融服务、所有保险及其相关服务、摄影服务、与渔业有关的咨询服务、飞机租赁服务、会计、审计和簿记服务、税收服务上韩国没有做出承诺,在高等教育服务中要求在国内外其他高等教育机构获得认证的学分不得低于毕业所需总学分的一半。第三,在针对以商业存在方式提供的服务贸易上,韩国仅在建筑设计服务、工程服务、集中工程服务、城市规划和景观建筑服务、计算机及其相关服务、研发服务、除飞机租赁之外的无经营者出租或租赁服务、其他商业服务、增值电信服务、特许经营、环境服务、旅游及与旅游相关的服务、海运服务、管道运输、所有运输方式的辅助服务这些服务上没有限制,而在其他服务部门,则采用诸如对企业资质的限制、中方企业持股比例的限制、经营地域限制、从业人员学历和从业年限的限制等。第四,在以自然人流动方式提供的服务贸易的承诺上,与中国相似,韩国同样基于在水平承诺中所表述的,即"除根据自然人移动一章所做承诺外不做承诺",其具体要求与韩方水平承诺中的要求一致。

其次,在国民待遇方面,韩国仅在少数部门,针对部分服务贸易提供方式进行了限制。在法律服务上,要求外国法律顾问在韩国居住时间每年不少于180天;要求注册会计师和注册税务师通过相关的资格考试且在韩国有两年相关从业经验才能获得相关的从业资格。对于海洋科学研究,外国自然人、外国政府或由外国自然人拥有或控制的韩国企业计划在韩国领海或专属经济区进行海洋科学研究,需事先获得海洋和渔业部的核准和同意。从事飞机租赁业务的合资企业法人代表必须是韩国公民。对于成人教育服务,在跨境交易方面,对与健康和医学相关的成人教育服务不做承诺等。这些限制,大多针对以自然人流动方式提供的服务贸易进行限制,少数是针对在商业存在方式提供的服务贸易的限制,但总体来看,在中韩双边自由贸易协定中,韩国在服务贸易领域,在国民待遇方面,对中国的限制较少,在绝大多数行业,基本可以给予中国企业和个人以国民待遇,少数限制,更多的是从保障国家安全和为民众提供更好的服务的角度来考虑的。

再次,在附加承诺方面,韩国在法律服务(CPC861)、会计、审计和簿记服务(CPC862)、建筑设计服务(CPC8671)、电信服务、海运服务这几类服务中,提供了附加承诺。其中,法律服务(CPC861)的附加承诺为允许外国法律顾问代理国际商事仲裁案件;会计、审计和簿记服务(CPC862)中所提供的附加承诺为可以提供国外会计和审计标准的咨询、注册会计师培训、审计技术转让及信息交流服务;建筑设计服务(CPC8671)所提供的附加承诺为具有5年专业工作经验并被国土交通部视为具有与韩国建筑师同等专业地位的外国注册/认证建筑师,有资格申请建筑师资格考试,而无须在韩国参与实习发展计划;电信服务中所提供的附加承诺为允许增值电信服务提供者提供数据传输服务;海运服务中所提供的附加承诺为中方可以以合理和非歧视的条款和条件使国际海运提供者可获得必要的港口服务。

(三)中韩两国限制程度分析

基于霍克曼(B. Hoekman,1995)提出的用于计算一国服务贸易壁垒程度的Hoekman指数,对中韩FTA中有关服务贸易的限制情况进行定量分析。霍克曼(B. Hoekman,1995)根据GATS各成员国承诺时间表,将承诺分为三类并赋予权重,即计算开放/约束因子。如果承诺对特定服务部门的特定提供方式不作任何限制,则设定分值为 1;如果对特定服务部门的特定提供方式做出具体的限制则设定分值为 0.5;如果未对特定服务部门的特定提供方式做任何承诺则设定分值为 0。根据 GATS 服务业可分为 155 个服务部门,每个部门的服务分别包括跨境交易、境外消费、商业存在、自然人流动四种提供方式,相应的,各成员国分别有 155×4=620 个开放/约束因子。根据这些因子,可以计算 Hoekman 指标:一国在 GATS 时间表中所做承诺与最大可能承诺数 620 的比率。在 Hoekman 指数的基础上,黄建忠和袁珊(2011)在对大陆与台湾服务贸易自由化评估的研究中,采用了五类分级法,将比完全无限制多一些的限制的数值设为 0.75,将有较强的限制的数字设为 0.25,在此基础上来计算改进后的 Hoekman 指数。

接下来,本书同时借鉴了霍克曼(B. Hoekman,1995)以及黄建忠和袁珊(2011)的计算方法来计算中韩 FTA 的 Hoekman 指数,对中韩 FTA 中对于服务贸易领域的限制进行五级的分类,完全无限制设为 1;对特定服务部门只有较少的限制的分会设为 0.75;对特定服务部门的特定提供方式做出具体的限制但只是一般的限制则设定分值为 0.5;如果对某一特定的服务部门做出了较多的限制,则将分值设为 0.25;如果未对特定服务部门的特定提供方式没有作任何承诺则设定分值为 0,计算结果如图 4-3 所示。

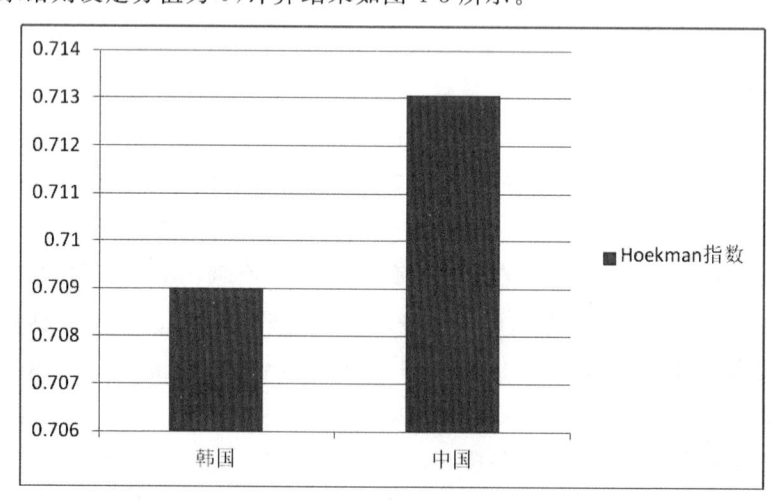

图 3-3　中韩 FTA 中服务贸易领域 Hoekman 指数

资料来源:根据《中华人民共和国政府和大韩民国政府自由贸易协定》中中韩两国具体承诺减让表中的相关内容整理而得。

根据图 3-3 的显示结果,中国在服务贸易领域的 Hoekman 指数约为 0.713,说明中国在服务贸易领域总体上只有少量的限制,但通过作者根据中韩 FTA 的"附件 8-A-2 中国具体承诺减让表"的分析可以发现,中国的限制主要集中在娱乐文化服务、保险服务、教育服务等直接关系到中国政治、经济安全的服务领域上;与之对应的是,韩国在服务贸易领域的 Hoekman 指数约为 0.709,略低于中国的水平,说明在中韩 FTA 中,在总体的服务贸易领域的开放程度上,韩国的开放程度略低于中国,此外,通过对不同行业的限制程度的计算可以发现,韩国在银行服务、教育服务、保险服务上的限制程度较高,在运输服务、研发服务上的开放程度较高。总之,通过计算中韩 FTA 中服务贸易领域的 Hoekman 指数可以发现,总体上说,中韩 FTA 的关于服务贸易领域,中韩两国的开放程度是和中韩两国各自在服务贸易上的比较优势相关的,同时,也考虑到了在某些关系到国家政治、经济和文化安全上,做出必要的限制。

(四)小结

总之,通过上述对中韩两国在服务贸易领域,从水平承诺和具体承诺,对跨境交易、境外消费、商业存在和自然人流动 4 种服务贸易提供方式,在市场准入限制、国民待遇和附加承诺方面的分析,可以发现中韩两国在服务贸易领域存在以下特点。

第一,从总体来看,相对于韩国,中国在服务贸易的领域对韩国的开放程度更大;

第二,从中韩两国在服务贸易领域的承诺来看,在 4 种服务贸易提供方式上,两国对于境外消费的限制最少,对于跨境交易的限制次之,对于以商业存在方式提供的服务贸易的较多,而对于以自然人流动方式提供的服务贸易的限制,两国在水平承诺之外,在具体的部门,均没有提供额外的承诺,即针对以自然人流动方式提供的服务贸易,各国在各服务贸易部门所提供的承诺没有差异。

第三,从两国在市场准入限制、国民待遇和附加承诺方面来看,在国民待遇方面,两国基本上可以给予对方国民待遇,在这一方面,两国的限制较少,其限制主要集中在市场准入限制上。

第四,在市场准入限制上,中国对韩方在市场准入上的限制主要集中在专业服务、通信服务、建筑及相关服务、分销服务、教育服务、环境服务、金融服务、娱乐、文化和体育服务、运输服务、辅助服务等服务部门的部分行业上,其主要目的在于保护国家政治和经济安全以及人民的健康;与之对应的是,韩国对中方在市场准入上的限制除考虑到上述因素之外,还考虑到保护本国的部分服务行业免受中国服务贸易进口威胁的作用,因此,韩国对中方在市场准入方面的限制,几乎涉及各大项类服务行业。在市场准入的限制方式上,两国均采用了诸如对企业资质的限制、企业持股比例的限制、经营地域限制、从业人员学历和从业年限的限制等方式。

三、中韩 FTA 关于投资的主要内容

中韩 FTA 中的第 12 章,单独一章,共 19 条内容和 3 个附件。

中韩 FTA 中的第 12 章,主要包括定义、投资促进及保护、国民待遇、最惠国待遇、最低标准待遇、国内法救济、禁止性业绩要求、透明度、征收和补偿、转移、代位、投资者与一缔约方之间的投资争端解决、特殊程序及信息要求、安全例外、拒绝授惠、环境措施、投资委员会、服务和投资、提升投资环境联络点等 19 条内容和 3 个附件(12-A 习惯国际法、12-B 征收、12-C 转移)。

具体来看,中韩 FTA 中关于投资的主要内容包括以下几点。

第一,中韩双方均认为应鼓励另一缔约方投资者在其领土内投资为并为之创造有利的环境,但也同意,在鼓励双边投资的同时,有权依据适用包括有关外资所有权和控股权在内的法律法规行使职权。

第二,中韩双边同意在双边投资中,给予对方以国民待遇、最惠国待遇、包括公平公正待遇和充分保护和安全在内的最低标准待遇,同时任何缔约方均不得在其领土范围内,就技术出口或技术转移的业绩要求,对另一缔约方投资者的涵盖投资采取不合理或歧视性措施,即中韩双方均不得使用禁止性的业绩要求来限制双边投资。

第三,在透明度规则方面,总的来说,中韩 FTA 的要求主要包括两个方面:一是双方应及时公布或公开与双边投资有关的法律、法规、行政程序、普遍适用的行政裁决、司法判决和与之相关的国际协定;二是若一方修改与双边投资的法律、法规,应与现行的法律、法规存在一定的间隔。

第四,中韩 FTA 规定任何缔约方均不得对涵盖投资实施征收或国有化,或采取与征收或国有化等同的任何措施,除非为了公共目的,且不存在歧视性,对于必须的征收或国有化,则必须给予合理的补偿,且补偿不得延误。

第五,中韩 FTA 规定双方有权利对投资的初始投入以及投资所得到的收益无条件地转移,除非投资方存在诸如破产、无力偿还或保护债权人的权利、刑事犯罪等情况。

第六,为保障中韩两国的国家安全和履行其在联合国宪章项下的维护国际和平与安全的义务,中韩 FTA 中第 12 章第 14 条规定了中韩两国可以采取任何措施来制止危害本国的国家安全和保障履行其在联合国宪章项下的维护国际和平与安全的义务。

第七,为保护环境,中韩两国均承诺不会通过放松环境措施来鼓励另一方投资者进行投资。

第八,中韩两国一致同意通过建立投资委员会和提升投资环境联络点的方式来解决双方在双边投资过程中所面临的争议,促进双边投资的增加。

第九,在市场开放方面,中韩两国将对进入本国资本市场的对方金融企业提供互惠待遇,这意味着相关审批流程将得到简化,双方金融市场准入门槛有望降低。协定内容还包括在上海自由贸易试验区的韩国建筑企业可在上海不受外资投资比重的限制(外商投资占比 50% 以上)而承揽合作项目,中方考虑允许韩国旅行社在中国招募访问韩国或第三国的游客。

总之,中韩 FTA 在保障中韩两国国家安全的同时,旨在从国民待遇、最惠国待遇、最低标准待遇、透明度、投资收益的转移、争端解决的机制等诸多方面,对中韩双边投资进行了规定,以促进中韩两国双边投资。

四、中韩 FTA 关于"21 世纪经贸议题"的主要内容

在中韩 FTA 中,也涉及了部分"21 世纪经贸议题"的内容,如竞争政策、知识产权保护、贸易与环境等。接下来,本书将对竞争政策、知识产权保护和贸易与环境这三个议题的内容进行分析。

(一)竞争政策

中韩 FTA 中关于竞争政策的相关议题主要在第 14 章中体现,在这一章中,包括目标、竞争法和竞争机构、执法原则、透明度、竞争法的适用、执法合作、通报、磋商、信息交换、技术合作、竞争执法的独立性、争端解决、定义等 13 条内容,对与竞争政策相关的内容进行了比较详细的规定。

具体来看,中韩 FTA 中关于竞争政策的相关议题主要包括以下内容。

第一,对于竞争政策的目标,中韩两国认识到,禁止经营者的反竞争商业行为,实施竞争政策,针对竞争问题开展合作,有利于防止贸易自由化利益受损,有利于提高经济效率和增加消费者福利。

第二,对于执法原则,中韩两国均认为双方应符合透明、非歧视和程序正义原则,在竞争执法过程中,各缔约方给予非本方相对人的待遇应不低于本方相对人在同等条件下享有的待遇。

第三,要求中韩两国的应以网络公开等方式公开其有关竞争政策的法律法规和执行程序,对于认定违反竞争法的最终行政决定以书面形式做出,并提供做出该决定的事实和法律依据,同时,应根据其法律法规尽量公开决定和命令。

第四,中韩两国强调在竞争政策上的合作执法和信息交换的重要性。双方将通过通报、磋商、信息交换、技术合作等方式开展合作,对于对双方具有重要意义的执法活动,双边应通过其竞争机构及早地向另一方竞争机构通报其执法活动。此外双方还将在信息交换方面,在不影响正在进行的调查且符合有关法律法规的情况下,及时向对方通报相关信息。

第五,对于争端解决,双方可以要求在联合委员会进行磋商,以促进该问题的解决。

(二)知识产权保护

在中韩 FTA 中,针对知识产权的相关内容主要在第 15 章体现,第 15 章通过一般规定、版权和相关权、商标、专利和实用新型专利、遗传资源、传统知识和民间文艺、植物新品种保护、未披露信息、工业品外观设计、知识产权的取得与存续、知识产权的执行和其他条款共 11 节,目标、总则、国际协定、更广泛的保护、知识产权与公共健康、版权和相关权的保护、广播和向公众传播、技术措施的保护、权利管理信息的保护、限制与例外、商标保护、商标权的例外、驰名商标、商标的注册和申请、专利保护、实用新型、遗传资源、传统知识和民间文艺、植物新品种保护、未披露信息、工业品外观设计、知识产权的取得与存续、一般义务、作者身份推定、民事和行政程序和救济、临时措施、有关边境措施的特殊要求、刑事程序和救济、反网络版权重复侵权的措施、提供侵权人信息的要求、合作、知识产权委员会共 31 条内容,对知识产权的保护问题进行了比较详细的规定。

具体来看,中韩 FTA 中针对知识产权保护的内容主要包括以下几点。

第一,中韩两国均认为,需要通过促进知识产权执法,为知识产权权利人及使用者提供知识产权保护和执法方面的确定性。

第二,在版权和相关权的保护方面,中韩双方明确表态支持对版权和相关权的保护,规定广播的保护期不得少于广播首次播出之日起50年,在保护措施方面,双方应禁止或限制在作品、表演或录音制品方面未经各缔约方国内立法所规定的版权和相关权的权利人授权的行为而设计的任何技术、设备或零件的行为。

第三,在商标保护方面,中韩双方应给予商品或服务的商标权利人以充分和有效的保护,同时,对于商标的注册和申请程序进行了较为详细的规定。

第四,在专利和实用新型专利的保护方面,首先,双方规定,所有技术领域的任何发明,不论是产品还是方法,只要是新颖的、包含创造性并且能在产业上应用的,都可以获得专利。其次,双方可以根据国内法律法规为申请人提供专利申请的加快审查。再次,针对实用新型专利,缔约双方同意通过交换有关实用新型法律法规的信息和经验,在实用新型法律框架方面加强合作;在缔约方没有规定实质审查的情况下,在实用新型侵权纠纷中,法院可以要求原告出具由相关机构基于现有技术检索所做的评价报告,作为审理实用新型侵权纠纷的证据。

第五,在遗传资源、传统知识和民间文艺的保护方面,中韩双方根据各方的国际权利与义务以及国内法律,缔约双方可采取或者保持促进生物多样性保存以及公平分享利用遗传资源和传统知识所产生的惠益的措施,并根据未来多边协议或各自国内法的进展,双方将进一步讨论遗传资源事宜。

第六,在植物新品种保护方面,中韩双方应遵守对方关于植物新品种保护的规则,并对植物新品种育种者给予充分和有效的保护,此外,中韩两国还将加强植物新品种测试的合作,以提高效率。

第七,在工业品外观设计保护方面,双方应确保其国内法律给予工业品外观设计充分和有效的保护,规定至少10年的保护期。

第八,在知识产权的执行方面,双方应在民事、行政和刑事制度中提供有效知识产权执法的信息,对知识给予保护,对于侵犯知识产权的行为,给予刑事和民事处罚。在此基础上,中韩FTA还对反网络版权侵权的措施和提供侵权人信息的要求做出较为详细的规定。

第九,在中韩FTA中,中韩双方还规定了争端解决的机制、合作的途径等相关问题。

(三)贸易与环境

在中韩FTA的第16章,中韩两国通过背景与目标、范围、保护水平、多边环境协定、包括法律和法规在内的环境措施的执行、环境影响、双边合作、机构和资金安排、争端解决不适用共9个条款,对贸易与环境问题进行了规定。

具体来看,中韩FTA对贸易与环境问题的规定主要包括以下内容。

第一,双方同意环境标准不得用于贸易保护主义的目的,这就排除了以危害环境之名,实施贸易保护之实的可能性。

第二,双方各自拥有确定各自环保水平及其环境发展优先领域,以及制定或修订其环境法律和政策的主权权利,从而保证了各国有根据本国的实际情况制定独立自主的环境政策的权利。

第三,在法规的执行方面,首先,协议规定双方不得通过持续或不间断的作为或有意的不作为,未能有效执行其包括法律法规在内的环境措施,以影响到缔约双方之间的贸易或投资的方式;任何一方不应以削弱或减少这些环境法律、法规、政策和实践所赋予的保护的方式而放弃或贬损这些环境法律、法规、政策和实践。其次,双方通过加强在推广环境产品和环境服务、环境技术开发与环境产业促进的合作、交流关于环境保护政策、活动和措施的信息、建立包括环境专家交流的环境智库合作机制,包括环境领域的专题会、研讨会、博览会和展览会在内的能力建设等方面的双边合作;最后,中韩双方还同意通过建立环境与贸易委员会来监督中韩两国在贸易与环境方面相关法规的执行,并安排适当的财政资源来支持中韩贸易与环境的发展。

(四)小结

在这部分中,本书对中韩FTA中所涉及的部分"21世纪议题",主要包括竞争政策、知识产权保护和贸易与环境这三个问题进行了分析,从中可以发现,第一,虽然在中韩FTA中所涉及的部分"21世纪议题",但这些"21世纪议题"从某个角度来说,仍然是较为初级的内容,通过对比跨太平洋伙伴关系协定(TPP)中的相关内容可以发现,部分更加深入的"21世纪议题",如关于国有企业问题、食品采购、劳工、政府采购、中小企业等相关议题,并没有在《中韩FTA中涉及。因此,一方面,中韩FTA与此前中国所签署的双边自由贸易协定相比,在"21世纪议题"方面,有所进展,但相对于真正的21世纪的自由贸易协定,仍存在一定的差距。

第二,从本书所概括总结的竞争政策、知识产权保护和贸易与环境这三个议题的情况来看,中韩两国在中韩FTA中所涉及的"21世纪议题"的基础仍然是两国的实际情况,是在两国的现实情况的基础上,对某些双方都感兴趣且不脱离两国根本利益的议题进行了规定,从而充分保障了中韩两国的实际利益。

第三,在本书所概括总结的竞争政策、知识产权保护和贸易与环境这三个"21世纪议题"中,中韩两国都强调需要通过进一步加强两国之间的协商,促进这些议题的顺利实施,在此基础上,中韩两国均认为这些议题并不是一成不变的,需要根据两国的实情和世界经济发展的实际情况,在必要时进行修订,以适应新的经济形势。

第三节 中韩FTA的意义

习近平主席和朴槿惠总统指出,中韩自贸区在两国关系中具有里程碑意义,对亚洲发展繁荣和全球经济复兴都将起到重要作用。中韩自贸区重要意义主要体现在三个方面。

第一,中韩FTA将推动中韩两国经贸关系迈上新台阶,促进中韩两国经济的发展。中韩两国地理相邻、经济互补性强,发展经贸合作具有得天独厚的有利条件和巨大潜力。建立中韩FTA后,两国间商业活动和经贸往来会更加自由、便利和规范,这将成为两国进一步发挥经贸合作潜力的重要契机,推动中韩经贸关系实现更大飞跃。中韩两国作为对方的重要贸易伙伴,两国双边贸易的发展,又必然促进两国经济的更快发展。

第二,中韩FTA将促进中韩经济和产业链的全面融合,提升两国的产业竞争力。中韩自贸区的建立将使两国企业享受到更低的关税,拥有更大的共同市场。更重要的是,两国间贸易壁垒的取消和降低将促进两国经济和产业链的全面融合,从而充分利用各自优势,共同提升两国的比较优势产业在全球市场的竞争力,携手向全球价值链的更高端迈进,在互利共赢的基础上实现共同发展。

第三,中韩FTA有助于促进中韩两国进一步深化战略合作伙伴关系。首先，中韩FTA并非是一个单纯的贸易协定，其中所规定的阶段目标和最终目标充分考虑了双方的利益均衡问题。如在韩国最为敏感的农副产品领域，中国放弃了对大米、牛肉等贸易品种的自由开放要求；中国亦在汽车、液晶显示屏等条目上坚守了本国的核心利益。正是这样的策略使得两国在执行层面遇到的阻力大幅减少，从而有效保证了协定执行过程中所释放的利好效应。此外，中韩两国将双方较为敏感的贸易品种排除在免税范围之外，这使得两国的物价不会有太大变化，两国居民的日常生活也不会受到诸多不利影响。中韩双方的这一决定最大限度地降低了市场开放过程中的摩擦，消除了负面影响，体现了中韩两国稳中求进、互利双赢、防范风险的合作原则。其次，中韩FTA的签署充分体现了双方互利共赢、共同发展的理念和原则，从扩大和深化双方利益汇合点的基础出发，深耕细作，主动寻求更多突破。如中方解决了韩方在视听合作、出境旅游、环境等多个领域中较为关注的问题，韩方满足了中方在物流、建筑、医疗等方面的核心要价；此外，对于环境保护、国有企业竞争政策、知识产权保护、政府采购等中方相对落后的领域，中国政府本着全面深化改革的精神做出承诺：在协定生效后两年开始以负面清单模式开展服务贸易谈判、基于市场准入前的国民待遇和负面清单模式开展投资谈判。

第四，中韩FTA将推进区域经济一体化实现新发展。中韩自贸区作为整个东北亚地区的第一个自贸区，为推进中日韩自贸区、《区域全面经济伙伴关系协定》(RCEP)乃至未来亚太自贸区，走出了重要一步，中韩FTA中所体现的基本原则、基本方法、谈判步骤、实施准则等内容，将会对加快东亚和亚太区域经济一体化进程产生积极的示范效应。同时，中韩FTA也是中国"一带一路"倡议和韩国"欧亚倡议"构想的重要连接点，对两国携手推动"一带一路"建设和欧亚大陆经济融合具有重要的推动作用。

第四节 本章小结

在本章中，主要对中韩FTA的签署历程、主要内容和意义进行了简要分析，得出如下结论。

首先，从中韩FTA的签署历程中可以发现，中韩FTA的签署，经历了民间智库研究签署该协议的利弊、两国政府间长达十年的谈判、最终签署协议等几个阶段,其中,民间智库研究将有助于分析签署中韩 FTA 对两国的利弊得失;在两国政府的谈判阶段,将是一个长期的过程,而非短期一蹴而就的过程,需要有足够的耐心,最终才能够达成一个令两国满意的结果。

其次,从中韩 FTA 的主要内容来看,中韩 FTA 包括了货物贸易、服务贸易、投资和以竞争政策、知识产权保护、贸易与环境为代表的"21 世纪贸易议题的内容"。

第一,从货物贸易的情况来看,首先,绝大多数货物贸易的关税在自由贸易协定签署的第 11 年起,关税将降至 0 关税,但通过比较中韩两国在关税减让上的力度,在短期,中国关税减让的力度要弱于韩国,即相对于韩国对中国的出口,中国对韩国的出口更可能由于中韩 FTA 而受益;在原地产规则上,中韩 FTA 规定了货物生产中使用的一缔约方出口的原产材料价值不低于全部材料价值的 60%,并且,包括产自朝鲜开城工业园区的产品在内的共 310 项品目获得韩国原产地资格。

第二,从服务贸易的情况来看,从总体来说,相对于韩国,中国在服务贸易的领域对韩国的开放程度更大;在 4 种服务贸易提供方式上,两国对于境外消费的限制最少,对于跨境交易的限制次之,对于以商业存在方式提供的服务贸易的较多,而对于以自然人流动方式提供的服务贸易的限制,两国在水平承诺之外,在具体的部门,均没有提供额外的承诺,即针对以自然人流动方式提供的服务贸易,各国在各服务贸易部门所提供的承诺没有差异;从两国在国民待遇方面,两国基本上可以给予对方国民待遇,在这一方面,两国的限制较少,其限制主要集中在市场准入限制上;在市场准入限制上,中国对韩方在市场准入上的限制主要集中在专业服务、通信服务、建筑及相关服务、分销服务、教育服务、环境服务、金融服务、娱乐、文化和体育服务、运输服务、辅助服务等服务部门的部分行业上,其主要目的在于保护国家政治和经济安全以及人民的健康,韩国对中方在市场准入上的限制除考虑到上述因素之外,还考虑到保护本国的部分服务行业免受中国服务贸易进口威胁的作用,因此,韩国对中方在市场准入方面的限制,几乎涉及各大项类服务行业。在市场准入的限制方式上,两国均采用了诸如对企业资质的限制、企业持股比例的限制、经营地域限制、从业人员学历和从业年限的限制等方式。

第三,从中韩 FTA 中有关投资的要求来看,中韩 FTA 在保障中韩两国国家安全的同时,旨在从国民待遇、最惠国待遇、最低标准待遇、透明度、投资收益的转移、争端解决的机制等诸多方面,对中韩双边投资进行了规定,以促进中韩两国双边投资、保障双边投资的安全。

第四,从"21世纪议题"的情况来看,中韩 FTA 中的包含的 21 世纪议题主要包括竞争政策、知识产权保护和贸易与环境等内容,相对于真正的 21 世纪的自由贸易协定,仍存在一定的差距;中韩两国中韩 FTA 中所涉及的"21 世纪议题"的基础仍然是两国的实际情况,是在两国的现实情况的基础上,对某些双方都感兴趣且不脱离两国根本利益的议题进行了规定,从而充分保障了中韩两国的实际利益;中韩两国都强调需要通过进一步加强两国之间的协商,促进这些议题的顺利实施,在此基础上,中韩两国均认为这些议题并不是一成不变的,需要根据两国的实情和世界经济发展的实际,在必要时进行修订,以适应新的经济形势。

最后,从中韩 FTA 的影响来看,中韩 FTA 的影响主要体现在:促进中韩两国经济的发展;促进中韩经济和产业链的全面融合,提升两国的产业竞争力;促进中韩两国进一步深化战略合作伙伴关系;促进区域经济一体化的实现等方面。

第四章　FTA贸易效应的理论分析

本章将在理论层面,对FTA贸易效应的相关理论进行研究。在理论研究中,关税同盟的贸易效应理论是在众多FTA的贸易效应的理论研究中最基础的理论,因此,本章将首先对关税同盟的贸易效应理论进行分析;在此基础上,本章接下来将对其他FTA的贸易效应的理论进行分析;由于相对于传统的FTA更多的关注关税减让,在全球价值链背景下,新型FTA不仅关注关税问题,还关注服务贸易壁垒、投资等问题,而这些新的议题,也将会通过改变企业的生产成本而对贸易产生影响,因此,本书也将从这些视角,对中韩FTA贸易效应进行分析。本章具体结论安排如下:第一节,基于关税同盟理论的中韩FTA贸易效应的理论分析,主要对关税同盟理论进行简要说明的前提下,主要从关税同盟理论的静态贸易效应和动态贸易效应的角度,对关税同盟的贸易贸易进行理论分析,在此基础上,对中韩FTA的贸易效应进行理论分析;第二节,基于其他FTA理论的中韩贸易效应的理论分析,主要对包括大市场理论、协议性国际分工理论、贸易自由化相关理论中与FTA的贸易效应的相关内容进行分析,在此基础上,依据上述理论,对中韩FTA的贸易效应进行理论分析;第三节,全球价值链背景下新型FTA对中韩贸易的影响机制;第四节,为本章小结。

第一节　基于关税同盟理论的贸易效应的理论分析

本节在对关税同盟理论进行简要分析的基础上,首先对关税同盟的静态贸易效应进行分析,其次,对关税同盟的动态贸易效应进行分析,最后,对关税同盟的静态贸易效应和动态贸易效应进行比较。

一、关税同盟理论简介

美国经济学家瓦伊纳(J. Viner)和利普西(R. G. Lipsey)对关税同盟理论进行了系统化研究。在瓦伊纳(J. Viner)的学术著作《关税同盟问题》中对"关税同盟"的概念以界定,即关税同盟就是按照区域划分,在区域范围内的两个及两个以上国家在区域境内取消关税,以缔结协定的方式构建商业同盟关系,针对成员国以外地区的国家所进口的商品,则施行统一的关税政策和贸易政策,关税的收入则经过成员国之间协商而进行分配。

关税同盟建立后,区域内的成员国实现了关税同盟。根据对成员国经济的影响,将关税同盟效应分为静态效应和动态效应。关税同盟的静态效应包括贸易创造效应和贸易转移效应。从理论的角度而言,关税同盟建立起来后,虽然经济资源总量没有发生改变,也没有对技术条件加以改进,但是,成员国的经济以及福利会受到影响,甚至区域范围外的国家经济状况也会受到影响。关税同盟建立后所产生的这种静态效应可能是贸易创造的结果,也可能是贸易转移的结果。关税同盟的动态效应又被称为次级效果,是关税同盟建立后,长期的经济贸易运行对成员国的物价水平、国民收入、产出、就业以及国际收支等所产生的影响。成员国的经济要加速增长,就要在获取规模经济的基础上刺激投资,提高资源使用率和促进技术进步,加速资源要素的流动性。

二、关税同盟的静态贸易效应

关税同盟的静态贸易效应主要包括贸易创造效应、贸易转移效应和贸易投资效应。

(一)贸易创造效应

贸易创造效应是基于生产发挥比较优势而更加专门化,由此而获得生产利得。随着关税同盟的建立,产品的生产成本会降低,使得成员国的国内同类产品被取缔,提高了资源使用效率。低价产品供应量的增加,产品价格会相应地降低,国民对本国产品的消费降低。社会需求的扩大,促使贸易量快速增加,实现了消费利得。这种贸易创造效应促使关税同盟成员国之间双边贸易的增加和社会福利水平的提升。

(二)贸易转移效应

自由贸易区内关税同盟的建立而产生的贸易转移效应,是关税同盟国家之间通过优惠贸易协定的签订,促使产品进口以关税同盟的高成本国家取缔了非关税同盟的低成本国家。这种贸易转移效应会使国际资源分配由于福利的减少而逐渐趋于恶性循环,使得生产运行效率降低。

建立关税同盟的成员国更多的希望实现贸易创造,而避免发生贸易转移,因此而为贸易创造塑造更多的条件。关税同盟建立之前,成员国之间的贸易壁垒较高,且成员国数量多,规模大,成员国会通过降低成本,提高经济将整体实现相互之间的贸易创造,而并非贸易互补。特别是通过贸易竞争,可以实现专门化的生产。关税同盟成员国具有地缘优势,相互之间地理位置靠近,由此而降低产品运输成本,有利于促进成员国之间的贸易创造。关税同盟成员国之间的经济贸易往来越来越紧密,就必然获得更多的福利。

(三)贸易投资效应

关税同盟的建立,实施上是为促进区域经济合作创造良好的环境,降低了各国对关税同盟内部各国直接投资的限制,对各个成员国的发展非常有利。在这一过程中,关税同盟内部的各国之间更有可能在彼此各国内部进行直接投资(FDI),从而可以充分利用各国的比较优势从事生产,而在当今的情况下,贸易和投资之间往往是相互促进的关系,即由于各国之间双边 FDI 的增加,导致各国更可以应用不同国家的先进的技术、管理理念、人力资本、自然资源等要素禀赋来从事生产和贸易。因此,关税同盟的建立必然导致各缔约国由于彼此之间投资的增加而增加彼此之间的双边贸易量。

表 4-1 显示了关税同盟的三种静态的贸易效应的原因和对关税同盟内部和外部各国贸易的影响方向。

总之,综上所述,关税同盟的静态贸易上,贸易创造效应说明关税同盟对各缔约国之间的贸易的影响为正,贸易转移效应说明关税同盟对各缔约国之间的贸易的影响为正,对非关税同盟的各国之间贸易的影响为负,贸易转移效应说明关税同盟对各缔约国之间的贸易的影响为负。

表 4-1　关税同盟静态贸易效应的类型、产生原因和对贸易的影响方向

效应类型	产生原因	影响方向
贸易创造效应	取消关税导致原本由本国生产的产品改由生产成本更低的关税同盟内部的其他国家生产并产生贸易	对关税同盟各国影响为正
贸易转移效应	产品进口以关税同盟的高成本国家取缔了非关税同盟的低成本国家	对关税同盟各国影响为正，对非关税同盟各国影响为负
贸易投资效应	关税同盟导致对各国投资的限制减少，投资和贸易相互促进	对关税同盟各国影响为正

资料来源：作者自制。

三、关税同盟的动态贸易效应

由于关税同盟的静态贸易效应只能反映短期内关税同盟对各缔约国之间贸易的影响，在长期，由于存在诸如技术进步、规模报酬递增等因素，导致关税同盟对各缔约国之间贸易的影响也随之发生变化。自二十世纪 70 年代以来，诸多的研究学者都对自由贸易安排的动态效应以研究，这其中有代表性的学者诸如西托夫斯基（D. Scitovsky）、科登（M. Corden）、里维拉巴蒂斯（C. Rivera-Batiz）、维纳布尔（A. D. Venable）、霍普曼（E. Helpman）、鲍德温（R. Baldwin）、克鲁格曼（P. R. Krugman）、格林纳韦（D. Greenaway）等，对该课题以研究。但是，这些研究仅仅停留在理论层面，而没有诉诸到现实，特别是关税同盟的动态效应，很难做量化分析，更难以进行经验型评估，因此而很难系统衡量，并且由于所需要考虑的变量过多，在理论分析上，也很难通过数学建模的方式对这一问题进行较为深入的分析。

关于自由贸易安排的动态效应，是由华尔兹（K. Waltz）于二十世纪 90 年代提出的，指促进贸易成员国经济增长的各种渠道。按照动态理论，成员国之所以能够获得经济增长效应，是由于自由贸易作用下实现规模经济，促使成员国之间的竞争加强，技术水平提升，资本集中，且生产发生了转移。

（一）竞争促进效应

当市场处于不完全竞争状态下，建立自由贸易区或者关税同盟，就会促进成员国之间的竞争。早在二十世纪 50 年代，西托夫斯基（Scitovsky）就已经提出关税过高会导致垄断的看法。在自由贸易区建立之前，行业市场中由于没

有关税同盟存在,会形成商业垄断。随着经济一体化的形成,成员国之间的竞争激烈,一些弱势的小企业被兼并后,实现了资源整合,从而获得竞争优势。比如,成员国之间所存在的贸易壁垒消除后,各个国家的贸易出口都会有所扩大。随着进口产品数量的增加,成员国的厂商更为倾向于产品出口而在国内所占有的市场份额降低,各个国家在境内的市场集中度也会有所降低。随着成员国之间的竞争程度提升,贸易自由化逐渐扩大,成员国垄断厂商不再占据市场竞争优势,而均衡产量有所提升,竞争促进效应得以形成,相应的,竞争导致企业优胜劣汰,只有生产成本最低的企业才能存活,这些企业的出口也必然随之扩大,从而促进各缔约国之间的贸易。

(二)规模经济效应

二十世纪 70 年代,科登(M. Corden,1972)针对规模经济问题、市场经济条件下所存在的不完全竞争问题等等进行了研究,将关税同盟的价值从新的研究角度揭示出来。科登(M. Corden)指出,规模经济是自由贸易活动中产生动态效应的源泉,包括贸易创造效应、贸易转移效应、成本降低效应和贸易压抑效应。其中,成本降低效应即为建立关税同盟之后,消除了关税壁垒而使得原本分散的施工逐渐集中,形成具有规模经济效应的大市场。成员国的产业结构相互融合、优势互补,生产成本会随之降低,从而提高了生产效率,成为关税同盟中该产品的主要提供者,取缔了非成员国对产品的出口,贸易创造效应产生;贸易压抑效应,就是指非成员国进入到同盟市场中后,虽然产品生产效率很高,但是,被征收关税的价格要比成员国高,使得成员国成为该产品的主要供应者,同盟内因此而会产生贸易转移。从积极的角度考虑,关税同盟的建立,给成员国带来了更多的便利和福利,生产设备和劳动力都得以充分利用,随着生产规模的逐渐扩大,产品的收益有所增加,从而推动了整个区域的经济发展。

(三)本国市场效应

市场环境中存在着不完全竞争,自由贸易区的建立会在一定程度上给成员国的生产结构带来影响。二十世纪 90 年代,鲍德温(R. E. Baldwin)和维纳布尔(A. J. Venable,1995)认为,建立自由贸易区后,关税同盟也会产生,关税壁垒被取消后,产品的生产商就会调整生产方向,以获得更高的利益。这种受到关税同盟的影响而引发的产品转移,必然会使进入到关税同盟的非成员国遭到歧视性待遇,由此而改变了自由贸易成员国与非成员国所能够面临的机会成本,加之规模经济的扩大而给成员国带来诸多的优势,使得越来越多的非成员国厂商相继退出自由贸易市场,而成员国占据了自由贸易区域内市场。随着经济一体化的建立,成员国所生产的产品增多,加之取消了区域内国际间的贸易壁垒,成员国之间可以自由贸易往来,使贸易利益进一步扩大,成员国的生产能力伴随着区域经济一体化的形成而有所提升,相应的福利也会有所提升。但是,这种成员国经济利益和福利的提升,是以损害非成员国的福利为代价的。这就是所谓的本国市场效应。

表4-2总结了关税同盟的三种动态的贸易效应的原因和对关税同盟内部和外部各国贸易的影响方向。

总之,从关税同盟的动态贸易效应来看,在长期,关税同盟由于规模经济效应、竞争刺激效应和本地市场效应,对关税同盟内部各国之间贸易的影响为正,对非关税同盟各国之间贸易的影响为负。

表 4-2　关税同盟动态贸易效应的类型、产生原因和对贸易的影响方向

效应类型	产生原因	影响方向
规模经济效应	关税同盟导致市场扩大,从而产生规模经济,规模经济导致企业生产成本降低,比较优势增强,促进关税同盟内部企业出口	对关税同盟各国影响为正
竞争刺激效应	关税同盟导致各缔约国之间企业竞争加剧,导致只有成本最低的企业才能生存,企业生产成本降低,促进企业出口	对关税同盟各国影响为正
本地市场效应	关税同盟导致产品生产发生转移,关税同盟内部各国之间的贸易增加,对非关税同盟国的贸易减少	对关税同盟各国影响为正,对非关税同盟各国影响为负

资料来源:作者自制。

可见,自由贸易安排所产生的动态效应对成员国的经济增长具有促进作用,但是动态效应存在着不确定性,不容易被确切地掌握,更不会被系统度量,使得自由贸易的动态效应研究遭到忽视。

四、关税同盟的静态贸易效应和动态贸易效应的比较

通过对关税同盟的静态贸易效应和动态贸易效应的分析可以发现,首先,无论是关税同盟的静态贸易效应还是动态贸易效应,其研究的基本出发点都

是关税下降导致企业生产成本的下降,而企业生产成本的下降又会增强企业的比较优势,从而促进企业对关税同盟内部国家(地区)之间的出口,因此,在关税同盟对关税同盟内部各国(地区)之间贸易的效果来看,无论是关税盟的静态贸易效应还是动态贸易效应,均认为会增加关税同盟内部各国(地区)之间的贸易,而对关税同盟外部的国家(地区)而言,可能会由于比较优势的改变,导致原本由关税同盟外部的国家(地区)生产并出口的产品转移到由关税同盟内部的国家地区生产并出口,从这一点来说,关税同盟的静态贸易效应和动态贸易效应所得到的结论基本是一致的。

关税同盟的静态贸易效应和动态贸易效应的区别主要在于二者对于各国比较优势的来源不同。关税同盟的静态贸易效应认为对于关税同盟内部国家(地区)的贸易效应来源于关税的下降而导致的企业生产成本的下降从而比较优势的改变和由于贸易投资之间的相互促进所导致的贸易的增加;关税同盟的动态贸易效应则认为,在关税同盟的静态贸易效应所认为的贸易创造效应的来源之外,还应该包括由于诸如规模经济、竞争刺激、本地市场效应等其他因素所导致的企业生产成本的下降和比较优势的改变,从而促进关税同盟内部国家(地区)之间的贸易,同时,由于这些效应,也可能导致对于关税同盟外部的国家(地区)而言,会产生一种阻碍,阻碍由本身具备比较优势的关税同盟外部的国家(地区)来生产并出口的产品的贸易,也就是存在关税同盟对非缔约国的贸易转移效应。

第二节 基于其他 FTA 理论的贸易效应的理论分析

一、大市场理论

大市场理论是由德尼奥(J. F. Deniau)和西托夫斯基(T. Scitovsky)所提出,其中,德尼奥(J. F. Deniau)描述了大市场规模化生产状况,并以此作为理论依据,提出大市场的建立,可以促进经济不断地扩张。随着消费指数的提升,投资也会有所增加,产品量不断增加而价格下调。相应地,工资水平的提高,消费者的购买力就会有所提升。所以,市场规模化发展对经济扩张具有一定的刺激作用。从大市场规模化运行状态来看,大市场理论是以共同发展为目的的,用以对建立共同市场以及相关的福利问题进行分析。共同市场是建立在关税同盟的基础之上的,在实现关税一体化的同时,为了将保护主义分割的小市场统一成为大市场,以深化一体化程度。大市场的统一运行,相互之间竞争中求发展,促使规模化生产状态形成,以共同获得利益。

西托夫斯基(T. Scitovsky)对大市场的论述与德尼奥(J. F. Deniau)有所不同,其是从欧洲共同市场的角度展开论述,提出欧洲市场之所以处于恶性循环的状态,是由于市场运行的狭隘性所导致的。欧洲国家的市场利润率相对较高,特别是西欧国家,商品价格比较高。一些企业家秉持着保守主义的态度,对商品市场实施保护措施,使得市场处于低资本周转。建立共同市场是打破这种不良市场运行状态的途径,建立共同市场可以促进贸易自由化方向发展。市场处于激烈的竞争中,商品价格会下降,就会迫使企业家在经营方式上和产品开发上不断地推陈出新,管理思维方式也会有所改变,由原有的小规模生产模式向大规模生产模式转向,使得市场呈现出积极扩张的良性循环态势。

德尼奥(J. F. Deniau)和西托夫斯基(T. Scitovsky)对大市场理论的描述,明确了建立大市场的的目的就是要以共同市场为发展环境,通过扩大市场范围,促使成员国企业之间相互竞争,使得市场资源配置得以优化,通过市场经济规模化发展而提高经济效益。处于大市场中,生产量和贸易量就会不断扩大,使得市场内的生产量得到增长,市场运行中的各种障碍会有所消除。对于市场中所存在的人为障碍,可以引入一些易于调整的各种因素,创造出最理想的国际经济结构,促使经济快速扩张。随着消费范围的扩大,就会引发投资量的增加,基于此而导致商品价格下降,而员工的工资和消费者的购买力也会有所提升。市场规模扩大,是促进和刺激经济扩张的基本条件,通过贸易合作扩大国际市场,两国的企业都处于同一市场中参与竞争,从而促进企业规模化发展,最终出现一种积极扩张的良性循环。

二、协议性国际分工理论

二十世纪 70 年代,日本经济学家小岛清在《对外贸易论》中提出了协议性国际分工理论。在小岛清看来,如果在分工上采用比较优势原理,经济一体化组织就难以获得规模经济,反而会出现经济垄断的发展倾向,严重影响组织内部分工以及贸易发展的稳定性。实施协议性国际分工,可以在促进贸易竞争的同时,保证经济市场的稳定性。所谓的协议性国际分工,就是指两个国家协议性地向对方提供市场,而不再生产某种产品。通常两个国家建立协议性国际分工,双方都需要具备相应的条件,即经济发展水平、工业技术水平、区域资源和劳动禀赋区域相等。两个国家都能够获得规模经济的商品,都能够生产协议性分工的对象商品。协议国家生产的对象商品所获得的利益并不存在很大的差异。

协议性国际分工是要求两个国家所具备的资本以及劳动力禀赋之间没有很大的差别,包括经济以及工业化的发展水平都大致相等。各个国家之间互相竞争,分工和贸易都会有所扩大,就可以实现贸易创造效果。与之对应的是,如果国家之间的要素禀赋比率比较大,从而导致在专业化技术上存在很大差距,相应的,两国在比较优势上也会存在着差距,此时,就需要将比较优势原理来建立两国之间的分工模式和贸易模式,而不是根据协议性的国际分工来建立两国的分工模式和贸易模式。因此,协议性国际分工的根本目的是为了促使经济规模化发展,减少由于两国具有相似经济技术、要素禀赋条件和生产技术水平,进而产生恶性竞争而导致的损失。任何国家要获得商品利益,在这样的经济运行模式下都不会产生很大的区别,但是,两国可能会由于协议性国际分工进而通过相互贸易获益。因此,在协议性国际分工理论下,由于两国各自选择生产一部分产品然后进行贸易,会扩大两国之间的贸易量。

三、贸易自由化相关理论

(一)传统自由化理论

关于自由化理论,是从古典的自由贸易理论发展而来。十八世纪70年代,亚当·斯密创立了古典自由贸易理论,提出生产效益要获得极大的提高,就要促进资源优化配置,国际分工可视为最好的方式。十九世纪10年代,大卫·李嘉图提出了比较优势理论,并在其所著的《政治经济学及赋税原理》中对该理论展开叙述,即一个国家的生产效率高,通过发展自己所擅长的领域,就可以与其他国家贸易往来而获得经济效益。如果国家之间各自有自己的比较优势,且相互贸易往来,两个国家都可以通过贸易途径获得更高的利益,从而促进两个国家的国民收入和经济福利的提高。

与传统的保护贸易有所不同,自由贸易是各国在开放的市场环境下进行贸易活动,包括关税壁垒、贸易配额、国内生产与出口补贴等都已经消除。在这样的环境下进行贸易往来,自由化程度就会加大。古典自由贸易从两个角度研究,其最终的目的都是为了能够充分满足消费者的需求。从静态效应的角度而言,国家如果没有能力生产成本相对较高的产品,就可以通过贸易交换的途径获得;还可以通过国际分工的途径,对各个国家的优势资源整合,以通过优化资源配置获得更高的生产效率。从动态效应的角度而言,是通过国际分工促进市场竞争、实现规模经济,是以各国之间针对自身的不足而相互学习,以获得更高的经济效益。国际分工使得各国的生产效率有所提高,但不仅于此,还会优化各国的产业结构,并使劳动力市场更为活跃,促进了就业。

可见,古典自由贸易是以自由贸易为途径,将各国的资源优势整合,提高贸易往来而获得整体经济利益,促使各国的国民福利有所提升。基于自由贸易理论而探索自由贸易区(Free Trade Area,FTA),可以明确建立双边的FTA在扩大自由贸易往来上也许不如多边FTA,但是,可以在区域范围内消除贸易壁垒,以使贸易双方实现效益最大化。

(二)新自由化理论

新自由化理论是由传统自由化理论发展而来,将各国贸易往来建立在贸易条约的基础上,消除关税壁垒和各种出口限制。建立贸易条约的国家可以是两个,也可以是两个以上,通过缔结贸易协议之后,区域范围内的国家就可以享受免关税的优惠政策,在开放的市场内进行贸易往来,从而实现贸易自由化,扩大贸易投资规模。

(三)经济一体化理论

从传统的自由化理论到新自由化理论,其主要的目的是在区域范围内实现贸易自由,因此倡导消除各种贸易限制。这就意味着,自由化理论并不是为了实现区域范围内各个国家的经济联合,而是以联合的方式促进贸易自由往来。自由贸易协定的目的是以地区为载体,在有限的范围内进行贸易安排,并建立相应的管理制度,以对贸易投资、劳务和技术等不断深化。经济一体化理论就是为实现这一目的而提出的。

经济一体化是多个国家基于互惠互利的原则而建立起来的经济联盟,这些国家是由国家政府之间缔结协议，以国际分工为基础，客观衡量国家的生产力发展水平，通过建立统一的管理机构，实施共同的政策，使商品在成员国之间自由流动，不被贸易壁垒所干扰。相应地，成员国之间的市场融合程度也会加深。成员国之间的市场融合程度不同，经济一体化的类型也会有所不同。

建立在各种商品优惠政策基础上的经济一体化，是建立贸易协定的国家之间可以对某种特定商品基于一定的优惠政策，被称为特惠贸易协定（Preferential Trade Arrangement，PTA）。特惠贸易协定以关税优惠为主，是经济一体化的初级形式。随着商品优惠政策区域化扩展，区域范围内的各种关税壁垒相继消除，自由贸易区（Free Trade Area，FTA）得以形成。商品可以在成员国之间自由流动而不会受到关税的困扰。没有被纳入自由贸易区的非成员国则依然维持原有的关税政策，并逐渐遭到排挤。自由贸易区促进了关税同盟（Customs Union，CU）的实现，建立关税同盟的成员国直接通过关税壁垒的完全取消，商品可以在成员国之间自由流通。关税同盟国制定与贸易自由往来相关的各种措施，促使关税同盟的成员国对非成员国的关税形式是统一的。从这一意义上讲，关税同盟成员国之间所建立的贸易联盟已经超越了国家这一政治范畴，形成真正意义的自由贸易流通区域。建立在统一关税的基础上，就必然需要拥有共同市场（Common Market，CM），不仅促进了商品在消除关税壁垒的市场环境中自由流通，而且还实现了生产要素的流通，包括劳动力、资本等，都可以在共同市场中自由流动。成员国之间建立了统一关税，使得成员国商品流动过程中所存在的关税壁垒被消除，同时还实现了生产要素的自由流动。由于成员国对外实施了统一的关税，就需要执行相应的制度以促进成员国之间的经济贸易往来按照相应的制度执行，使得成员国之间建立了统一的经济实体——经济同盟（Economic Union，EU）形成。当成员国之间贸易合作的各种政策被制定出来并诉诸实际，商品流通的各种障碍就会取消，统一的经济政策、金融政策和贸易政策，对劳动力和资本流通都发挥着促进作用。成员国之间还在统一的市场中使用统一的货币，完全的经济一体化（Complete Economic Integration，CEI）形成。

不同类型的经济一体化，所涉及的重点内容也会有所不同，其中特惠贸易协定、自由贸易区、关税同盟所强调的是与贸易一体化相关的内容，随着内容的不断深化，贸易一体化的层次也在不断扩大。共同市场、经济同盟、完全的经济一体化则是将一体化深入国内的经济领域，促进生产要素的自由化、制定共同的经济政策,特别是要达到金融政策上的一致。当商品可以在区域范围内自由流动,在关税统一的条件下,贸易壁垒消除。对于生产区域的演变,这种经济一体化必然会促进区域范围内的各种资源优化配置由此而扩大了成员国的生产利益。随着成员国经济效率的提高,会获得更高的经济福利,而经济成本会相应地有所降低。

基于上述分析,表 4-3 总结上述这些理论中对双边贸易的影响的动因及影响方向。

表 4-3 不同理论对贸易影响的原因和方向

理论名称		产生原因	影响方向
大市场理论		市场规模扩大导致成员国(地区)企业之间相互竞争,使得市场资源配置得以优化,通过市场经济规模化发展而提高经济效益	对大市场内部国家(地区)之间贸易的影响为正
协议性国际分工理论		通过协议性国际分工,每个国家(地区)只生产一部分产品然后相互贸易	对参与协议性国际分工的国家(地区)之间贸易的影响为正
贸易自由化相关理论	传统自由化理论	关税下降,有利于比较优势发挥作用;关税下降,存在规模经济,促进各国(地区)比较优势的增强;企业竞争加剧有利于降低成本,进而促进国家间贸易	对各国(地区)之间贸易的影响为正
	新自由化理论	区域范围内的国家(地区)享受免关税的优惠政策,在开放的市场内进行贸易往来,从而实现贸易自由化,扩大贸易投资规模	对各国(地区)之间贸易的影响为正
	经济一体化理论	在上述理论的基础上,经济一体化还可以通过生产要素的流动来促进各国(地区)之间比较优势的发挥,从而促进国际贸易	对各国(地区)之间贸易的影响为正

资料来源:作者自制。

总之,在上述提到的各种理论中,其对贸易自由化对各国(地区)之间贸易的影响的基础仍旧是基于贸易自由化可以通过规模经济、竞争加剧、生产要素自由流动等方式促进一国比较优势的产生,进而通过对外贸易,使各国获益,在这一过程中,各国之间的贸易量会随之增加。其区别则在于,不同理论之间对于比较优势产生的关注点不同,有的基于规模经济产生比较优势的角度,有的基于竞争加剧促进比较优势增强的角度,有时则是从生产要素自由流动的角度来对比较优势的形成进行论证,但无论是从哪个方面进行论证,其对双边或多边贸易的影响的结论都是一致的,即贸易自由化将促进各国之间的贸易。

第三节 全球价值链背景下新型FTA贸易效应的影响机制

进入20世纪70年代以来,世界贸易中存在一个十分重要的变化,就是由跨国公司主导的全球价值链形成导致中间品贸易的快速增长,而传统的FTA理论中,更多的针对的是FTA对最终品贸易影响的分析,那么,在全球价值链背景下,关税的下降,导致FTA对中间品贸易的影响可能会更大,这将是FTA对各国贸易影响的一个新的途径。传统FTA理论更多的是针对关税下降对各国贸易的影响,但进入21世纪以来,世界各国所签订的FTA,不再仅仅关注关税减让这一个方面,还包括诸如贸易便利化、服务贸易和投资等新兴议题,甚至在某种程度上,各国对这些新的议题关注程度要远高于其对关税减让的关注程度。这些新的议题,又会对各国的生产成本产生影响,进而影响各国的贸易,因此,这可能也将成为FTA影响贸易的另一个途径。因此,接下来,本节将对上述两个FTA影响贸易途径进行分析。

一、存在中间品贸易时FTA对双边贸易影响的理论机制

传统的FTA理论更加关注签订FTA后关税的下降对FTA区域内和区域外国家之间的影响,所研究的对象为最终产品,但是,在全球价值链背景下,FTA所导致的关税的下降,不再单纯地会影响到最终产品,还会对中间产品产生影响,从静态的角度来看,FTA所导致的关税水平的下降,会通过对中间产品的贸易创造、贸易转移和贸易投资来影响区域内部和区域外部国家(地区)之间的贸易;从动态的角度来看,则会通过规模经济效应、竞争效应、学习效应等促进中间品贸易的发展。虽然从FTA促进中间品贸易的途径来看,和

最终品贸易没有显著的区别,但由于中间品贸易更多的是针对作为原材料的产品,这些产品的的贸易将会降低区域内进口中间品的国家生产成本,增加其在最终产品中的比较优势,从而促进这些国家最终品的出口。因此,从这个角度来看,在全球价值链背景下,FTA 的贸易效应,即 FTA 所导致的关税的下降,还会由于中间品贸易导致区域内贸易呈非线性的增长。

由于中间品贸易和最终品贸易都是基于比较优势,而 FTA 又是通过相同的机制来影响中间品贸易和最终品贸易,只是当存在中间品贸易时,导致了 FTA 对区域内贸易的影响存在差别,因此,接下来,本书仅以关税同盟的静态效应来分析中间品贸易和最终品贸易的区别。根据图 4-1A 和图 4-1B 可以发现,相对于传统的关税同盟理论只针对最终品贸易的情况,在存在中间品贸易时,由于 FTA 导致 A 国在中间品贸易上存在比较优势,从而促进了 A 国对 B 国中间品贸易的出口,而 B 国由于进口了生产成本更低的中间品产品,导致了两种情况:一种情况是,原本没有比较优势的最终品现在具有了比较优势,从而出口到 A 国,促进了区域内的贸易;另一种情况是,此前该最终品在 B 国就具有比较优势,在进口了更多的廉价的来自 A 国的中间品后,其比较优势扩大,从而增加了其对 A 国的最终品的出口。但无论哪种情况,由于 FTA 导致的关税水平的下降,都通过促进中间品贸易而对区域内贸易产生了非线性的影响,促进了区域内贸易的非线性的增长。

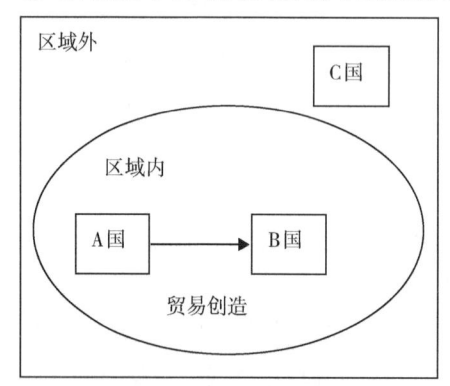

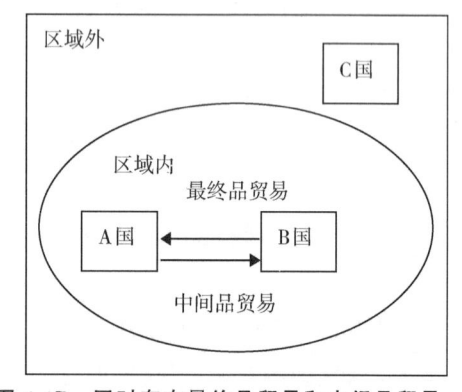

图 4-1A　只存在最终品贸易　　图 4-1B　同时存在最终品贸易和中间品贸易

数据来源:作者自制。

二、存在服务成本时 FTA 对双边贸易影响的理论机制

进入 21 世纪后的新型的 FTA,在关注关税减让的同时,还更多地关注诸

如服务贸易壁垒、投资等问题,而这些问题,都有可能通过影响企业的生产成本,从而导致比较优势的变化,进而影响区域内贸易,从而成为影响区域内贸易的另一个渠道。接下来,本书将具体分析 FTA 中由于服务贸易壁垒的变化而导致的对 FTA 区域内贸易的影响。

在 21 世纪的制造业中,制造业和服务业已经密不可分,"制造业服务化"现象比比皆是,运输成本、通信成本等服务成本的变化,必然会对企业的成本产生影响,从而对企业的比较优势产生影响。由于 FTA 导致签订 FTA 的国家的服务贸易壁垒下降,从而使得国外更加优质、廉价的服务产品进入本国市场,一是,这将增加国内的服务产品供给,促进国内服务成本的下降;二是,当服务贸易壁垒下降时,国外服务企业进入到国内市场,还可以通过竞争效应来促进本国服务企业的优胜劣汰,从而提高本国服务业的质量、降低本国服务业的价格。签订 FTA 后服务贸易壁垒下降所导致的上述两种效应,也必然通过服务成本的下降,传导到制造业,降低了制造业的生产成本,增加了制造业的比较优势,从而促进制造业的出口,从而促进了 FTA 区域内部各国之间的贸易。因此说,传统的 FTA 理论更多地关注在关税减让所带来的贸易的变化上,而在此基础上,由于服务贸易壁垒的下降,也将通过服务成本的下降,提高企业的竞争力,促进企业出口,从而促进 FTA 区域内的贸易。

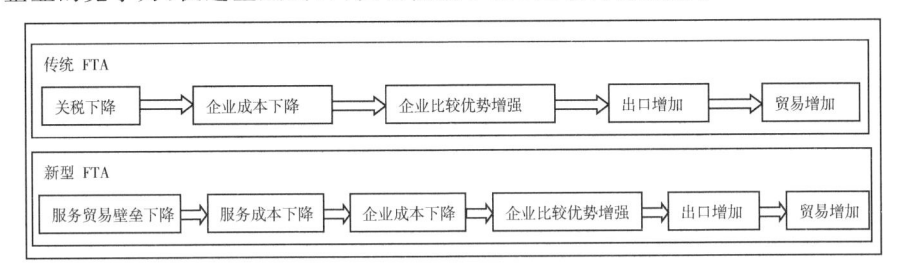

图 4-2 传统 FTA 和新型 FTA 对贸易影响差别

数据来源:作者自制。

第四节 本章小结

本章主要对关税同盟理论、大市场理论、协议性国际分工理论、贸易自由化理论中的传统自由化理论、新自由化理论和经济一体化理论等理论中的

FTA 的贸易效应的相关分析进行简要概述;其次,基于全球价值链背景下中间品贸易的快速发展和新型 FTA 对服务贸易壁垒的关注,分析了在全球价值链背景下,新型 FTA 对中韩双边贸易所可能产生的新的影响机制。

在对关税同盟理论的贸易效应的分析中,主要从静态贸易效应和动态贸易效应这两个方面对这一问题进行了分析,关税同盟理论的静态效应主要包括贸易创造效应、贸易转移效应和贸易投资效应;关税同盟国理论的动态贸易效应则主要包括规模经济效应、竞争刺激效应和本地市场效应等。在对大市场理论、协议性国际分工理论、贸易自由化理论中的传统自由化理论、新自由化理论和经济一体化理论等理论中的 FTA 的贸易效应的相关分析,则主要从关税下降所可能导致的规模经济、成本降低、生产要素自由流动等方面来论证上述理论中的贸易效应。

总体来看,无论是关税同盟理论还是大市场理论、协议性国际分工理论、贸易自由化理论中的传统自由化理论、新自由化理论和经济一体化理论,在分析由于缔结 FTA 所导致的贸易效应时,其分析都是基于以下逻辑:FTA 的签订导致关税的下降,关税的下降促进了一个由更多的国家(地区)所组成的更大的市场的形成,在这个市场上,一是由于市场规模的扩大导致了规模经济,促进了企业生产成本的下降;二是由于在一个大的市场上存在更多的企业,促进了企业之间的竞争和优胜劣汰,降低了企业的生产成本;三是生产要素的自由流动导致企业可以以更低的成本来进行生产。上述三个途径都导致在签订 FTA 后,各国(地区)的比较优势会增强,对签订 FTA 的各国(地区)来讲,各国之间会更专注于生产在各国具有比较优势的产品,进而进行贸易,从而促进了签订 FTA 的各国(地区)之间的贸易,也就是贸易创造效应。从签订 FTA 的国家(地区)和未签订 FTA 的国家(地区)之间的情况来看,在签订 FTA 之后,由于比较优势的变化,原本具有比较优势的区域外的国家(地区)的比较优势可能丧失,从而可能会降低 FTA 区域内的国家(地区)和区域外的国家(地区)之间的贸易,也就是 FTA 的贸易转移理论。在上述逻辑下,不同理论在论述 FTA 的贸易效应时,其区别更多的还是在于所关注的影响 FTA 的贸易效应的因素上的差别。

从全球价值链背景下,新型 FTA 的贸易效应来看,虽然与传统的 FTA 理论相比,新型 FTA 贸易效应的根本驱动力并没有发生变化,即主要是由于 FTA 改变了国家之间的贸易成本,从而改变了各国的比较优势,促进了 FTA

区域内部之间的贸易,但主要区别在于:第一,在全球价值链背景下,关税的降低将导致中间品贸易增加,而中间品贸易的多次跨越国境,导致 FTA 内部各国之间贸易的非线性增长;第二,传统的 FTA 理论更多的是针对关税下降所导致的企业成本的下降和比较优势的变化,而在新型 FTA 下,企业成本的下降,并非单纯的由关税下降这一单一的渠道来决定,还可以通过诸如 FTA 所导致的服务贸易壁垒的下降而带来的服务成本的下降来产生,因此,在新型 FTA 下,服务贸易壁垒的变化所带来的服务成本的变化,将会是影响各国贸易的另一个主要渠道。

第五章 中韩 FTA 贸易效应的实证研究

本章将从三个方面,主要基于扩展的贸易引力模型、双重差分模型和 Balassa 法,对中韩双边 FTA 的贸易效应,即中韩双边 FTA 对中韩双边贸易的影响进行实证研究。

本章具体结构安排如下。第一节,双边 FTA 对中国对外贸易影响的实证研究,主要基于扩展的贸易引力模型,以中国与主要贸易伙伴国之间的双边贸易数据为基础,实证研究签订双边 FTA 对中国与主要贸易伙伴国之间双边贸易的影响;第二节,双边 FTA 对中韩双边贸易影响的实证研究,鉴于中韩自由贸易协定(中韩 FTA)于 2015 年 12 月 20 日生效,2016 年 1 月 1 日起正式实施,这给了我们一个可以以此为基础,采用双边差分模型(DID)来实证研究签订双边 FTA 对中国与主要贸易伙伴国之间双边贸易量的影响的机会,因此,在第一节的基础上,第二节将主要采用中韩双边贸易的月度数据,基于贸易引力模型,以双边差分模型(DID)为主要工具,实证研究签订中韩双边 FTA 对中韩双边贸易的影响。第三节,基于 Balassa 法的中韩 FTA 对中韩双边贸易影响的实证研究,将根据巴拉萨(B. Blalssa,1975)提出的基于进口需求弹性的变化来分析 FTA 的贸易效应的方法来分析中韩 FTA 对中韩双边贸易的影响;第四节为本章的主要结论。

第一节 双边自由贸易协定对中国对外贸易影响的实证研究

本节将以现有的中国与主要贸易伙伴国之间的双边贸易量为基础,以贸易引力模型作为分析工具,来实证研究双边 FTA 对中国对外贸易影响。

一、贸易引力模型简介

贸易引力模型的基本原理来源于牛顿的万有引力定律,即物体间的作用力跟物体本身质量及物体间的距离两个因素有关,具体来说,物体间的作用力和两物体的质量呈正比,和两物体间的距离成反比。廷贝根(J. Timbergen,1962)最早把引力模型应用到国际贸易领域。他们认为,两国的双边贸易规模与两国的经济规模总量成正比,而与两国的地理距离成反比,经济总量能够反映一国的供给能力和需求水平,而地理距离(通常是两国首都或经济中心间的直线距离)则直接体现双边贸易的物流成本,反映的是双边贸易的阻力因素。

贸易引力模型的基本形式:

$$\text{trade}_{ijt} = A \frac{\text{gdp}_i \cdot \text{gdp}_j}{\text{distant}_{ij}} \quad (5\text{-}1)$$

其中,trade_{ijt}为t年i国和j国的双边贸易总量,gdp_{it}和gdp_{jt}分别指t年i国和j国的经济总量,通常以一国GDP代表,distant_{ij}是指i国和j国的空间距离,通常用i国和j国首都间距离代替,A为常数项。将模型转换成对数形式并增加随机误差项,目的是便于实证检验,得到如下形式:

$$\ln\text{trade}_{ijt} = \alpha_0 + \alpha_1 \ln(\text{gdp}_{it} \cdot \text{gdp}_{jt}) + \alpha_2 \ln\text{distant}_{ij} + u_{ijt} \quad (5\text{-}2)$$

其中,α_0、α_1和α_2为待估计系数,u_{ijt}为误差项,包括其他影响双边贸易额的因素。

在基础引力模型的基础上,国内外学者更多的是通过加入其他一些影响双边贸易的变量,来分析影响双边贸易的因素,如 A.K.Rose(2004)基于贸易引力模型对加入WTO是否会显著促进双边贸易的研究、罗马里斯(J. Romalis)对北美自由贸易规定(NAFTA)和美加自由贸易协定(CUSFTA)对美国贸易的影响的研究、A.K.罗斯(A.K.Rose,2011)对主办奥运会对贸易的影响的研究等。

二、模型、变量、数据和方法

(一)模型的建立和变量的选择

鉴于本书在这一节中的研究目的,主要是研究签订双边FTA对中国和主要贸易伙伴国之间贸易的影响,本书将中国与主要贸易伙伴国之间是否签订双边 FTA 作为主要解释变量,采用逐步回归添加变量的方法。根据最终建立以下计量模型。

$$\text{lntrade}_{ijt} = \alpha_0 + \alpha_1 \text{lngdp}_{it} \cdot \text{gdp}_{jt} + \alpha_2 \text{lndistant}_{ij} + \alpha_3 \text{fta} + \theta Z_{ijt}$$
$$+ \varepsilon_{ij} + \varepsilon_t + \varepsilon_e + \varepsilon_m + \varepsilon_d + \xi \qquad (5\text{-}3)$$

其中,lntrade_{ijt} 为中国与主要贸易伙伴国之间双边贸易量的对数,在此,参考了刘洪铎、李文宇和陈和(2016)的方法,使用的是行业数据,即中国与主要贸易伙伴国各行业的贸易额。$\text{gdp}_{it} \cdot \text{gdp}_{jt}$ 为中国与主要贸易伙伴国之间双边 GDP 的乘积,lndistant_{ij} 为中国与主要贸易伙伴国之间距离的对数,距离以北京到主要贸易伙伴国首都的距离表示,fta 为中国与主要贸易伙伴国之间是否签订双边 FTA 的虚拟变量,若两国之间签订双边 FTA,则 fta = 1,否则,为 0;Z_{ijt} 为其他控制变量。α_0、α_1、α_2、α_3、θ 为待估计的其他变量的系数,ε_{ij} 为国家对固定效应,ε_t 为时间固定效应,ε_m 为进口固定效应,ε_e 为出口固定效应,ε_d 为行业固定效应,ξ 为误差项。

在控制变量的选择上,本书的控制变量主要包括以下几个。

1. adjacent_{ij}:代表中国与主要贸易伙伴国之间是否有陆地边界接壤的虚拟变量,若两国之间存在陆地边界接壤,$\text{adjacent}_{ij} = 1$,反之,为 0。

2. facility_{ijt}:t 年中国与主要贸易伙伴国之间的贸易便利化指数。

由于目前并没有单一的指标可以测算两国之间的贸易便利化指数,因此,在 facility_{ijt} 的测算上,本书借鉴周升起和付华(2014)的计算方法,采用世界经济论坛每年发布的全球竞争力报告,对全球一百三十多个国家的各项竞争力指标进行排名和评分,共涉及基础设施、制度、宏观经济环境等 12 项大类指标和 114 个分类指标。其中和一个国家贸易便利化有关的指标主要包含四大类指标:基础设施质量、通信网络设施(ICT)、商业环境、海关管理效率、非关税壁垒。本书认为通信网络设施也应该是基础设施质量的一部分,所以把通信网络设施纳入基础设施质量中去,所以大的分类指标为:基础设施质量、商业环境、非关税壁垒和海关管理效率四个指标,这四个指标分别还有对应的子指标,贸易便利化指标体系如表 5-1 所示。

表 5-1 贸易便利化指标体系

一级指标	二级指标	分值范围
基础设施质量(infr)	公路基础设施(I_1)	1~7(best)
	铁路基础设施(I_2)	1~7(best)
	港口基础设施(I_3)	1~7(best)
	空港基础设施(I_4)	1~7(best)
	移动及固定电话订购数(I_5)	1~7(best)
	互联网渗透率(I_6)	1~7(best)
商业环境(busi)	产权保护力度(B_1)	1~7(best)
	司法公正性(B_2)	1~7(best)
	非正常支出和商业贿赂(B_3)	1~7(best)
	政治公信力(B_4)	1~7(best)
海关便利性(cus)	海关程序复杂度(C)	1~7(best)
非关税壁垒(nont)	非关税壁垒流行度(N)	1~7(best)

资料来源:根据历年 The Global Competitiveness Report, World Economic Forum 中的相关内容整理而得。

对于指标的测度问题,由于加权平均在实践中存在权重的主观性问题,本书采取简单算术平均形式来计算一国的贸易便利化指数 tfi(trade facilitation index),即:基础设施质量:

$$\mathrm{infr} = \sum_{i=1}^{6} I_i/6 \tag{5-3}$$

商业环境:

$$\mathrm{busi} = \sum_{i=1}^{4} B_i/4 \tag{5-4}$$

一国贸易便利化指数:

$$\mathrm{tfi} = (\mathrm{inf} + \mathrm{busi} + \mathrm{cus} + \mathrm{nont})/4 \tag{5-5}$$

需要说明的是,tfi 代表一国的贸易便利化水平,但中国和伙伴国贸易的便利化水平需要综合考虑中国贸易便利化水平和伙伴国贸易便利化水平,为了测量中国与伙伴国的综合贸易便利化水平,本书把前文计算得出的中国与伙伴国的贸易便利化水平指标进行加权平均,权重为中国从伙伴国的进口额和出口额各自占两国贸易额的比重,具体计算公式如下:

$$\mathrm{facility}_{ij} = \mathrm{tfi}_i \cdot \frac{\mathrm{imp}_{ij}}{\mathrm{trade}_{ij}} + \mathrm{tfi}_j \cdot \frac{\mathrm{exp}_{ij}}{\mathrm{trade}_{ij}} \tag{5-6}$$

其中，$facility_{ij}$ 代表中国与伙伴国的综合贸易便利化指数，tfi_i 代表中国贸易便利化指数，tfi_j 代表伙伴国 j 贸易便利化指数，imp_{ij} 代表中国从伙伴国 j 的进口额，exp_{ij} 代表中国向伙伴国 j 的出口额，$trade_{ij}$ 表示中国和伙伴国 j 的双边贸易额，这样加权计算出来的综合贸易便利化指数能够很好地反映中国与伙伴国之间进出口贸易的贸易便利化水平。

（二）数据来源

在数据来源方面，本书选取近年来 34 个与中国有着贸易往来的国家或地区，收集 2010 年至 2017 年共 8 年的中国与主要贸易伙伴的双边 SITC1 位数分类的贸易额作为样本数据，这些国家和地区包括：中国香港、印度、印度尼西亚、印尼、伊朗、日本、马来西亚、蒙古、巴基斯坦、菲律宾、沙特阿拉伯、新加坡、韩国、泰国、阿联酋、越南、中国台湾、南非、比利时、英国、德国、法国、意大利、荷兰、西班牙、瑞士、俄罗斯、巴西、智利、墨西哥、秘鲁、加拿大、美国、澳大利亚和新西兰。这 34 个国家和地区和中国的贸易量占中国对外贸易总额的绝大部分。其中，2016 年中国与上述 34 个国家和地区的贸易量约占中国对外贸易总量的约 80%，占中国对外贸易的较大比例。选取的这 34 个国家和地区中一部分还是中国的 FTA 伙伴国，而且这些经济体经济规模大小各异、包含 GDP 排名世界前列的发达国家，也包含亚洲、非洲和拉丁美洲的发展中国家，社会发展水平和贸易开放程度也有所不同，和中国经济合作程度也有较大差异，地理上分布于各大洲，有中国的邻国，也有距离中国一万千米以上的国家，样本能够较全面地反映各个解释变量的不同特征。中国与上述国家间的贸易额数据来源为联合国贸易统计数据库（UN Comtrade Database），各国 GDP 数据来源于世界银行网站。距离数据来源于谷歌地图。双边自由贸易区数据来源于中国自由贸易区服务网网站。

（三）方法选择

在对引力模型的估计上，R. baldwin 和 D. Taglioni(2007)将在估计的引力模型中所出现的错误按照性质的严重程度，分为三种。其中，金牌错误，即最严重的错误，是指没有控制理论引力模型中的价格指数或多边价格阻力条件，解决办法包括使用公开价格指数来衡量价格指数或多边价格阻力条件（拜尔(S. L. Baier)和伯格斯特朗(J. H. Bergstrand, 2001)、使用系统估计的多边价格阻力条件安德森(J. E. Anderson) 和温库普(E. V. Wincoop, 2003)和使用国家固定效应(罗伯特·C·芬斯特拉,2004)；银牌错误，即较为严重的错误，是指采用双边贸易流量数据而非单边贸易流量数据;铜牌错误,即不是严重的小错误,是指使用CPI将名义贸易数据换算成实际贸易数据。

基于上述分析,本书在计量方法的选择上,首先,采用单边贸易流量数据而非双边贸易流量数据,其次,采用面板数据的固定效应,同时控制时间固定效应、国家对固定效应、出口固定效应和进口固定效应;最后,为克服引力模型中可能出现的异方差问题和"零贸易问题",根据桑托斯(J. M. C. Santos Silva)和滕雷罗(S. Tenreyro,2006)的建议,同时参考了林发勤(2016)、林僖和鲍晓华(2018)的方法,使用泊松拟极大似然(PPML)方法来对计量方程进行估计。

表5-2显示了样本的描述性统计,表5-3显示了样本间的相关系数矩阵。

表5-2 样本描述性统计

变量名称	变量中文含义	样本量	均值	标准差	最小值	最大值
$lntrade_{ijt}$	单边贸易量的对数	5 540	6.352 031	0.980 458 2	3.689 379	8.625 192
$lngdp_{ijt}$	双边GDP的对数	5 540	15.675 89	1.502 152	10.688 76	25.377 23
$lndistance_{ij}$	双边距离的对数	5 540	8.655 692	0.744 552	6.863 051	9.855 265
fta	两国是否签订双边FTA	5 540	0.367 647 1	0.483 350 7	0	1
adjacent	两国是否邻近	5 540	0.176 470 6	0.382 157 9	0	1
lnfacility	两国贸易便利化指数的对数	5 540	1.508 196	0.123 173 9	1.253 334	1.813 684

表5-3 变量间相关系数矩阵

	$lntrade_{ijt}$	$lngdp_{ijt}$	$lndistance_{ij}$	fta	adjacent	lnfacility
$lntrade_{ijt}$	1.000					
$lngdp_{ijt}$	0.605***	1.000				
$lndistance_{ij}$	−0.230***	0.295***	1.000			
fta	0.118*	−0.450***	0.198***	1.000		
adjacent	0.124*	−0.313***	0.127*	0.447***	1.000	
lnfacility	0.333***	0.169**	−0.106	0.109	−0.310***	1.000

注:*代表在10%的显著性水平下显著,**代表在5%的显著性水平下显著,***代表在1%的显著性水平下显著。

三、计量结果及分析

在估计方法上,表5-4的前4列是采用面板数据的固定效应模型,控制了国家对固定效应、进口固定效应、出口固定效应和时间固定效应,同时采用聚类稳健标准差进行估计,在变量的选择上,采用的是逐步回归的方法进行估计。表5-4的最后一列,为了克服异方差和"零贸易问题",采用的是泊松拟极大似然(PPML)方法。根据表5-4的计量结果可以发现,至少在10%的显著性水平下,每个估计系数的显著性都是显著的,5列中各变量的系数符合相同,这也从一个角度说明了通过采用不同的方法来进行计量分析,所得到的计量结果基本相同,也说明了计量结果是稳健的。鉴于本书的研究目的,且使用PPML估计可以更有效地处理引力模型中的异方差和"零贸易问题",因此,本书将以表5-4中的第5列,即使用PPML估计的估计结果作为分析依据。

根据表5-4中的第5列的计量结果,$lngdp_{ijt}$对$lntrade_{ijt}$的影响为正,其系数为0.015,说明双边GDP对贸易量的弹性为0.015%,即双边GDP乘积每增加1%将导致贸易量增加0.015%;$lndistance_{ij}$对$lntrade_{ijt}$的影响为负,其系数约为-0.31说明双边距离对贸易的影响为负,且双边距离每增长1%,将导致中国与主要贸易伙伴国之间的双边贸易量下降0.31%;本书所主要关心的解释变量fta_{ijt}对$lntrade_{ijt}$的影响为正,其系数约为0.013,说明签订双边FTA将显著增加贸易;$adjacent_{ij}$对$lntrade_{ijt}$的影响为正,其系数约为0.43,说明与中国有共同边界的国家与中国之间的贸易量更大;$lnfacility_{ijt}$对$lntrade_{ijt}$的影响为正,其系数约为0.15,说明两国各自贸易便利化水平的增加,将显著增加中国与主要贸易伙伴国之间的贸易量。

四、稳健性检验

在稳健性检验中,本书采用隔年数据进行回归的方式进行检验,即使用2010年、2012年、2014年和2016年这4年的数据,对方程(5-3)进行回归,回归结果如表5-4的第6列所示,计量方法同样使用泊松拟极大似然(PPML)方法,同时控制国家对固定效应、出口固定效应、进口固定效应、时间固定效应和行业固定效应。

根据表5-4的第6列可以发现,各变量的系数符合与第5列的系数符号相同,只是系数大小有所差异,说明本书此前的计量结果是稳健的。

表5-4 贸易量的影响因素:计量结果

估计方法	OLS估计 固定效应 (1)	OLS估计 固定效应 (2)	OLS估计 固定效应 (3)	OLS估计 固定效应 (4)	PPML估计 固定效应 (5)	PPML估计 固定效应 (6)
$\ln gdp_{ijt}$	0.017 447 5*	0.017 940 7*	0.017 402 3*	0.018 027 2**	0.015 442 6**	0.017 346 2*
	(1.69)	(1.71)	(1.72)	(1.98)	(1.99)	(1.66)
$\ln distance_{ij}$	−0.203 264 8***	−0.225 286 8***	−0.220 231 4***	−0.252 275 9*	−0.311 426 3*	−0.244 836 5*
	(−3.02)	(−3.13)	(−3.25)	(−1.72)	(−1.67)	(−1.68)
fta_{ijt}		0.025 781 2*	0.024 453 2*	0.025 842 4**	0.013 324 4**	0.022 256 78*
		(1.69)	(1.67)	(2.01)	(2.02)	(1.77)
$adjacent_{ij}$			0.625 479 2***	0.557 283 7**	0.433 142 3**	0.341 332 6*
			(2.61)	(2.07)	(2.06)	(1.70)
$\ln facility_{ijt}$				0.189 703 9*	0.150 331 4*	0.178 522 3*
				(1.77)	(1.71)	(1.79)
α_0	7.233 517***	7.418 964	7.418 964***	7.975 506*	7.975 506*	8.324 762*
	(4.01)	(1.02)	(2.71)	(1.98)	(1.69)	(1.73)
国家对固定	是	是	是	是	是	是
时间固定	是	是	是	是	是	是
进口固定	是	是	是	是	是	是
出口固定	是	是	是	是	是	是
行业固定	是	是	是	是	是	是
R^2	0.986 0	0.986 2	0.986 5	0.986 6	0.976 6	0.976 6
样本量	5 540	5 540	5 540	5 540	5 540	2 770

注:*代表在10%的显著性水平下显著,**代表在5%的显著性水平下显著,***代表在1%的显著性水平,小括号内为t值。

五、分组回归结果

考虑到签订双边FTA可能会对不同技术密集度的行业产生不同的影响,因此,在表5-4的整体计量回归结果的基础上,表5-5基于贸易引力模型,进一步分析了签订双边FTA对中国与主要贸易伙伴国之间不同技术密集度的行业的贸易量的影响。在分类依据上,以UN Comtrade数据库中的SITC1位数10大类产品按照技术密集度进行分类,第0~4类初级产品视为自然资源密集型产品,第6类、第8类和第9类制成品视为劳动力密集型产品,第5类与第7

类制成品产品视为资本和技术密集型产品在计量方法的选择上,与前文类似,同样采用泊松拟极大似然(PPML)方法来对计量方程进行估计,同时控制国家对固定效应、出口固定效应、进口固定效应、行业固定效应和时间固定效应。

根据表5-5的计量结果可以发现,签订双边FTA,对资本和技术密集型行业双边贸易的影响最大,对劳动密集型行业双边贸易的影响程度次之,对资源密集型行业双边贸易的影响程度最小,这也与我们的预期相符合,鉴于签订双边FTA主要是为了进一步促进双边贸易中比较优势的发挥,因此,签订双边FTA后,也必然会对在双边贸易中,各自具有比较优势的行业的促进作用更大。其他主要变量的系数符号与总体回归中的系数符号相一致,在此,就不再做进一步的说明。

表5-5 分组回归结果

估计方法	因变量:$lntrade_{ijt}$		
	PPML估计 固定效应 资源密集型行业	PPML估计 固定效应 劳动密集型行业	PPML估计 固定效应 资本和技术密集型行业
$lngdp_{ijt}$	0.018 442 2**	0.020 031 4*	0.014 220 1***
	(1.97)	(1.68)	(2.66)
$lndistance_{ij}$	−0.231 235 7*	−0.120 047 5*	−0.053 375 9*
	(−1.72)	(−1.75)	(−1.70)
fta_{ijt}	0.009 853 7**	0.014 233 1*	0.025 842 4*
	(2.22)	(1.77)	(1.74)
$adjacent_{ij}$	0.312 247 8***	0.423 650 2**	0.557 283 7*
	(0.264 1)	(0.264 1)	(0.264 1)
$lnfacility_{ijt}$	0.153 204 1*	0.176 632 1*	0.189 703 9**
	(0.110 9)	(0.110 9)	(0.110 9)
$α_0$	5.448 732***	8.520 036**	7.975 506*
	(3.57)	(2.18)	(1.67)
国家对固定	是	是	是
时间固定	是	是	是
进口固定	是	是	是
出口固定	是	是	是
行业固定	是	是	是
R^2	0.986 0	0.986 2	0.986 5
样本量	2 720	1 632	1 088

注:*代表在10%的显著性水平下显著,**代表在5%的显著性水平下显著,***代表在1%的显著性水平,小括号内为 t 值。

第二节　中韩双边自由贸易协定对中韩双边贸易影响的实证研究

中韩自由贸易协定(以下简称中韩 FTA)于 2015 年 12 月 20 日生效,2016 年 1 月 1 日起正式实施,根据中韩 FTA 的主要内容,以 2012 年数据为基准,中方实现零关税的产品最终将达到税目数的 91%、进口额的 85%,韩方实现零关税的产品最终将达到税目数的 92%、进口额的 91%。2016 年 1 月 1 日,中方实施零关税的税目数比例将达 20%,主要包括部分电子产品、化工产品、矿产品等;韩方实施零关税的税目数比例将达 50%,主要包括部分机电产品、钢铁制品、化工产品等[1]。中韩 FTA 的实施,对实证分析自由贸易区对中国对外贸易的影响提供了一个案例,可以对自由贸易区对中国对外贸易的影响进行实证研究。通过对中韩 FTA 的分析,首先有助于分析这一协定对中韩双边贸易的影响,其次,在此基础上,也将有助于实证研究双边 FTA 对中国未来对外贸易的影响。基于上述分析,本书拟将 2016 年 1 月 1 日中韩 FTA 的实施作为分析中韩双边贸易的时间点,以中韩双边贸易作为干预组,以中日双边贸易作为参照组,基于扩展的引力模型和双重差分模型,来实证研究中韩 FTA 对中韩双边贸易的影响。

本节的主要内容安排如下,第一部分,主要对中韩双边 FTA 对中韩双边贸易影响的理论机制进行分析,并提出可经实证检验的理论假说;第二部分,基于 2008 年 1 月至 2017 年 12 月的月度数据,以韩国作为实验组,以日本作为参照组,采用双重差分法(DID)实证研究签订中韩双边 FTA 对中韩双边贸易的影响。

一、中韩 FTA 对中韩双边贸易影响的理论机制和理论假说

根据第四章中 FTA 贸易效应的理论分析可以发现,在关税同盟理论下,

---

[1] 孙丹:《中韩中澳关税减让 20 日起实施 中方零关税产品将超 90%》,《北京晨报》,2015 年 12 月 12 日。

由于关税同盟理论可以分为静态关税同盟理论和动态关税同盟理论，因此，在关税同盟理论下，中韩FTA的贸易效应也可以进一步分析静态贸易效应和动态贸易效应两个方面。

从静态贸易效应来看，根据关税同盟理论，FTA必然会给中韩两国带来贸易创造和贸易转移两种效应。由于中韩FTA导致中韩两国关税的下降，从而使中韩两国的比较优势发生变化，必将导致原本由每个国家单独生产的产品，现在改由对方国家生产并出口，从而增加中韩两国之间的双边贸易，这也是中韩FTA所导致的贸易创造效应。从贸易转移效应来看，中韩FTA后，由于两国比较优势的变化，一些由其他国家生产并出口中韩两国的产品，转由中韩两国各自依据签订FTA后的比较优势来安排中韩两国的生产和贸易，从而增加中韩两国的双边贸易，这是中韩FTA对中韩两国的贸易转移效应。虽然这种贸易转移效应所导致的中韩双边贸易的增加是以牺牲其他各国的比较优势，从而违反了比较优势原则为代价的，但从中韩两国的角度来看，这种贸易转移效应也必然增加了中韩两国之间的双边贸易。

从贸易投资效应来看，由于投资和贸易之间存在着相互促进的关系，因此，中韩FTA的签订，必然导致中韩之间双边投资的增加，而双边投资的增加，必然会带动双边贸易的增加，因此，从这个角度来看，中韩FTA也同样会导致中韩双边贸易的增加。

因此，综上所述，根据关税同盟理论，在静态贸易效应上，姑且不论中韩双边贸易增加的原因是什么，中韩FTA必然导致中韩两国可以依据新的条件所导致的新的比较优势来安排两国的生产和出口，从而导致双边贸易的增加。

从关税同盟理论的动态效应来看，由于关税同盟将导致规模经济效应、竞争刺激效应、本地市场效应，而这些效应，都将会促进关税同盟内部的各国之间的贸易的增加，因此，从这个角度来说，从中韩FTA的动态效应来看，中韩FTA同样会促进中韩双边贸易的增加。

从大市场理论、协议性国际分工理论、贸易自由化相关理论中对于FTA的贸易效应的理论分析同样表明，FTA将会促进签订FTA的各国之间的贸易。

通过上述分析，得到本书的第一个假说。

假说5-2-1：由于中韩FTA的签署降低了中韩两国双边贸易的关税，中韩双边FTA的签署将增加中韩两国的双边贸易量。

国际贸易的实质是基于比较优势的分工和交换,从中韩两国的比较来看,中国作为发展中大国,土地资源和劳动力资源相对丰富,在劳动密集型产品中具有比较优势,韩国在以电子产品为代表的技术密集型产品方面具有一定的比较优势,与之对应的是,伴随着中国经济的增长,原本在中国属于稀缺资源的资本,其稀缺性相对降低,其与韩国在资本方面的差距在不断缩小,相应的,韩国对中国在资本密集型行业的比较优势也在不断缩小,相应的,中韩双边贸易中资本密集型行业的双边贸易的随之减少。中韩 FTA 签署后,其对不同技术密集度的行业双边贸易的影响也必然存在异质性,根据按照技术密集度分类的中韩双边贸易主要以技术密集型行业的双边贸易为主,根据中韩 FTA 的条款,中韩 FTA 在关税减让方面,主要集中在以农产品为代表的劳动密集型产品和以电子产品为代表的技术密集型产品上,因此,在中韩 FTA 签署后,其对劳动密集型行业和技术密集型行业双边贸易的影响可能较大,对资本密集型行业双边贸易的影响相对较小。

根据上述分析,本书得到本节中的第二个需要实证检验的理论假说。

假说 5-2-2:中韩 FTA 签署后,其对中韩不同技术密集度的行业双边贸易的影响的大小依次为:对中韩劳动密集型行业双边贸易的影响最大,对技术密集型行业双边贸易的影响次之,对资本密集型行业双边贸易的影响最小。

根据本书中第四章中第三节中的分析,在存在中间品贸易的情况下,FTA 不再单纯的只对最终品贸易产生影响,还会对中间品贸易产生影响,并且,随着关税水平的下降,这种对于中间品贸易所产生的贸易效应,可能要大于其对最终品贸易所产生的贸易效应,即 FTA 更有可能增加中间品贸易。

根据上述分析,本书得到本节中的第三个需要实证检验的理论假说

假说 5-2-3:中韩 FTA 签署后,对于中韩中间品贸易的影响要大于其对最终品贸易的影响。

二、模型、变量和数据

在模型的选择上,由于大范围的公共政策有别于普通科研性研究,传统的计量方法难以保证对于政策实施组和对照组在样本分配上的完全随机,双边差分模型(DID)基于自然试验得到的数据,通过建模来有效控制研究对象间的事前差异,将政策影响的真正结果有效分离出来,因此,本书以双重差分模型

作为基准模型,将中韩双边贸易作为干预组,将中日双边贸易作为参照组,将 2016 年 1 月 1 日中韩 FTA 正式实施作为实施干预的时间点。之所以选择中日双边贸易作为参照组,其主要原因在于:第一,根据标准贸易引力模型,双边贸易流量与两国 GDP 乘积成正比,与两国距离成反比,中韩双边距离与中日双边距离相似;第二,根据相关研究,两国是否存在共同边界、是否有相同语言、是否有相似的文化,均对双边贸易有显著影响,中国与韩国和日本之间并无共同边界,且中国、韩国、日本三国虽同属于东亚地区,但三国并没有共同的语言,但三国又同属于儒家文化圈,儒家文化对三国均有较大的影响;第三,贸易作为经济的一部分,必然受到政治的影响,日本和韩国均属于美国在东亚地区的盟国,在政治上受美国制约较大,两国存在一定的相似性。基于上述分析,本书在研究中韩贸易时,使用中日贸易作为研究日中韩 FTA 对中韩双边贸易影响的参照组。

在变量的选择上,本书将中韩和中日双边贸易作为因变量。在控制变量的选择上,基于扩展的引力模型,考虑到 2016 年 7 月"萨德入韩"事件可能对中韩双边贸易的影响,引入虚拟变量,将 2016 年 7 月之前设为 0,之后设为 1,由于"萨德入韩"事件只发生在韩国,对中日双边政治和经济关系并没有实质影响,因此,该虚拟变量对日本均为 0。基于上述分析,本书最终建立如下计量模型:

$$\text{lntrade}_{ijt} = \beta_0 + \beta_1 \text{lngdp}_{ijt} + \beta_2 du + \beta_3 dt + \beta_4 (du \times dt) + \theta Z_{ijt}$$
$$+ \varepsilon_{ij} + \varepsilon_t + \varepsilon_m + \varepsilon_e + \varepsilon_d + \xi \tag{5-7}$$

其中,lntrade_{ijt} 为 t 年中韩和中日双边贸易额的对数,在此,同样使用行业层面的双边数据;du 代表中韩双边 FTA 是否签订的虚拟变量,中韩双边 FTA 已签订为 1,未签订为 0;dt 代表时间虚拟变量,2016 年 1 月中韩双边 FTA 正式实施之前为 0,之后为 1;Z_{ijt} 为控制变量,包括:双边 GDP 乘积的对数(lngdp_{ijt})、双边距离的对数(lndistance_{ij})、代表"萨德入韩"这一事件时间的虚拟变量(dm,2016 年 7 月之前为 0,此后为 1)。Z_{ijt} 为其他控制变量。β_0、β_1、β_2、β_3、β_4 θ 为待估计的其他变量的系数,ε_{ij} 为国家对固定效应,ε_t 为时间固定效应,ε_m 为进口固定效应,ε_e 为出口固定效应,ε_d 为行业固定效应,ξ 为误差项。

在数据的样本期间上,考虑到 2016 年 1 月 1 日中韩双边 FTA 正式实施,因此,若使用年度数据对中韩双边 FTA 对中韩双边贸易的影响进行实证分析,则中韩双边 FTA 实施后的数据较少,因此,在这一部分内容中,本书在此使用 Wind 数据库中的月度数据对这一问题进行分析①。为了避免引力模型中可能出现的"铜牌错误",在本节中并未使用 GDP 平减指数对数据进行平减。此外,考虑到在使用月度数据时,可能存在季节性因素,因此,本书使用了X11 法对数据进行了调整。

在数据来源上,书中所使用的中韩、中日双边贸易和双边 GDP 的数据来源于 wind 数据库,该数据库提供了 2008 年 1 月至 2017 年 12 月中国与主要贸易伙伴国之间的贸易数据和各国 GDP 的数据。中韩、中日两国距离的数据来自于 CEPII 数据库。变量的描述性统计如表 5-7 所示,变量间相关系数矩阵如表 5-8 所示。

表 5-7 变量描述性统计

变量名称	变量中文名称	样本量	均值	标准差	最大值	最小值
$lntrade_{ijt}$	双边贸易额的对数	5 280	16.903 7	0.224 3	17.511 5	15.985 4
$lngdp_{ijt}$	双边 GDP 乘积的对数	5 280	12.574 2	1.480 7	14.476 5	10.036 0
$lndistance_{ij}$	双边距离的对数	5 280	7.256 9	0.394 7	7.650 8	6.863 1
dt	时间虚拟变量	5 280	0.200 0	0.400 8	1.000 0	0.000 0
du	是否签订中韩双边 FTA 虚拟变量	5 280	0.500 0	0.501 0	1.000 0	0.000 0
$du \times dt$	时间虚拟变量和是否签订中韩双边 FTA 虚拟变量的交互项	5 280	0.100 0	0.300 6	1.000 0	0.000 0
dm	"萨德入韩"事件虚拟变量	5 280	0.075 0	0.263 9	1.000 0	0.000 0

---

① Wind 数据库对中国与主要国家之间的双边贸易的统计基于 HS 分类,将中韩双边贸易分为 22 类。第 1 类,活动物、动物产品;第 2 类,植物产品;第 3 类,动、植物油、脂、蜡、精制食用油脂;第 4 类,食品、饮料、酒及醋、烟草及制品;第 5 类,矿产品;第 6 类,化学工业及其相关工业的产品;第 7 类,塑料及其制品、橡胶及其制品;第 8 类,革、毛皮及制品、箱包、肠线制品;第 9 类,木及制品、木炭、软木、编织品;第 10 类,木浆等、废纸、纸、纸板及其制品;第 11 类,纺织原料及纺织制品;第 12 类,鞋帽伞等、已加工的羽毛及其制品、人造花、人发制品;第 13 类,矿物材料制品、陶瓷及玻璃及制品;第 14 类,珠宝、贵金属及制品、仿首饰、硬币;第 15 类,贱金属及其制品;第 16 类,机电、音像设备及其零件、附件;第 17 类,车辆、航空器、船舶及运输设备;第 18 类,光学、医疗等仪器、钟表、乐器;第 19 类,武器、弹药及其零件、附件;第 20 类,杂项制品;第 21 类,艺术品、收藏品及古物;第 22 类,特殊交易品及未分类商品。

表 5-8　变量间相关系数矩阵

	lntrade$_{ijt}$	lngdp$_{jt}$	lndistance$_{ij}$	dt	du	du×dt	dm
lntrade$_{ijt}$	1.000						
lngdp$_{jt}$	0.624***	1.000					
lndistance$_{ij}$	−0.449***	0.958***	1.000				
dt	−0.110*	0.139**	0.000	1.000			
du	−0.449***	−0.958***	−1.000	−0.000	1.000		
du×dt	0.016***	−0.199**	−0.333***	0.667***	0.333***	1.000	
dm	−0.060*	−0.159**	−0.285***	0.569***	0.285***	0.854***	1.000

注：* 代表在10%的显著性水平下显著，** 代表在5%的显著性水平下显著，*** 代表在1%的显著性水平下显著。

三、计量结果及分析

在这一部分中，本书首先利用全部样本，采用面板数据泊松拟极大似然（PPML）方法作为估计方法，实证研究中韩双边FTA对中韩双边贸易的影响；同时，鉴于本书所使用的计量方程仍旧是基于贸易引力模型所设定的，因此，本书仍旧控制国家对固定效应、进口固定效应、出口固定效应和时间固定效应，其次，在将制造业行业分为劳动密集型行业、资本密集型行业和技术密集型行业的基础上，进一步分析中韩双边FTA对中韩两国不同技术密集型行业双边贸易的影响，计量方法与总体回归中所使用的计量方法相同。

（一）双重差分的平行趋势检验

在使用双重差分模型时的一个重要假设是，如果不是由于在某一时间点所进行的干预，那么，两组变量应该保持相同的变动趋势，即平行趋势假设，因此，在使用双重差分模型时，首先需要进行平行趋势检验。

需要检验的是，在2016年1月1日之前，中韩双边贸易和中日双边贸易应沿着相同的趋势变动。因此，本书首先通过采用如下模型进行平行趋势假定的检验。中韩FTA于2016年1月1日正式实施。因此，通过建立如下方程来检验平行趋势假定。具体计量方程如下：

$$\text{lntrade}_{ijt} = \beta_0 + \beta_1 \text{lngdp}_{jt} + \beta_2 \text{d}u + \beta_3 \text{d}t + \sum_{i=2008}^{2015} \eta_i(\text{d}u \times \text{d}t) + \theta Z_{ijt}$$
$$+ \varepsilon_{ij} + \varepsilon_t + \varepsilon_m + \varepsilon_e + \varepsilon_d + \xi \qquad (5-8)$$

在方程(5-8)中,存在一个问题,就是本书在使用双重差分模型时,使用的是月度数据,但是,如果在(5-8)中同样使用月度数据,将会出现 96 个 $du \times dt$ 的系数,如此多的系数显然无法在论文中显示出来,因此,本书使用如下方法对这一问题进行处理:一种是使用 2008 至 2015 年的年度中每年 1 月份的数据,这样,$du \times dt$ 将只有 8 个,由于这种方法并不是一种特别正规的处理平行趋势假设的方法,因此,本书使用 2008 至 2015 年中每一年 12 月份的数据做稳健性检验。在计量方法上,本书采用泊松拟极大似然(PPML)方法作为分析方法,计量结果如表 5-9 所示。根据表 5-9 的计量结果,在 2015 年 12 月之前,各主要变量($du \times t = i$)这一项均不显著,说明平行趋势假定成立。

表 5-9 平行趋势检验结果

被解释变量	PPML 估计 $\ln gdp_{ijt}$	被解释变量	PPML 估计 $\ln gdp_{ijt}$
$\ln gdp_{ijt}$	0.244 215** (2.05)	$\ln gdp_{ijt}$	0.273 312** (2.14)
$\ln distance_{ij}$	−0.785 213*** (−3.13)	$\ln distance_{ij}$	−0.823 129*** (−2.79)
dt	−0.122 236** (−1.99)	dt	−0.110 413* (−1.65)
du	−0.112 415* (−1.66)	du	−0.102 145** (−1.97)
$du \times t = 2\,008.1$	0.002 321 4 (0.82)	$du \times t = 2\,008.12$	0.002 754 4 (0.64)
$du \times t = 2\,009.1$	0.002 547 1 (0.99)	$du \times t = 2\,009.12$	0.003 185 2 (0.72)
$du \times t = 2\,010.1$	0.003 583 2 (1.31)	$du \times t = 2\,010.12$	0.004 012 4 (1.08)
$du \times t = 2\,011.1$	0.003 214 7 (1.25)	$du \times t = 2\,011.12$	0.004 017 1 (1.06)
$du \times t = 2\,012.1$	0.004 551 4 (1.33)	$du \times t = 2\,012.12$	0.003 938 2 (0.88)
$du \times t = 2\,013.1$	0.003 351 2 (1.05)	$du \times t = 2\,013.12$	0.004 014 9 (1.17)

(续表)

被解释变量	PPML 估计 $\lngdp_{ijt}$	被解释变量	PPML 估计 $\lngdp_{ijt}$
$du \times t = 2\,014.1$	0.004 547 9 (0.97)	$du \times t = 2\,014.12$	0.004 372 8 (1.31)
$du \times t = 2\,015.1$	0.003 351 3 (1.04)	$du \times t = 2\,015.12$	0.003 558 9 (1.22)
dm	−0.032 001 2** (−2.07)	dm	−0.040 098 1* (−1.78)
β_0	12.540 31*** (5.52)	β_0	11.358 93*** (7.63)
国家对固定	是	国家对固定	是
时间固定	是	时间固定	是
进口固定	是	进口固定	是
出口固定	是	出口固定	是
行业固定	是	行业固定	是
R^2	0.936 6	R^2	0.843 3

注：* 代表在 10% 的显著性水平下显著，** 代表在 5% 的显著性水平下显著，*** 代表在 1% 的显著性水平下显著；小括号内为 t 值。

(二)全样本计量结果及分析

表 5-10 中显示了在全样本下，中韩双边 FTA 对中韩双边贸易影响的计量结果，从中可以发现，在至少 10% 的显著性水平下，各解释变量对被解释变量的影响都是显著的。在此，需要特点关注的几个变量是：代表"萨德入韩"的虚拟变量对因变量的影响系数为负，其系数约为-0.034，说明"萨德入韩"事件降低了中韩双边额。本书所最关心的自变量是代表中韩双边 FTA 是否签订的虚拟变量和时间虚拟变量的交互项($du \times dt$)对因变量的影响，这一影响代表了中韩 FTA 对中韩双边贸易的影响，根据表 5-10 中的计量结果，在 10% 的显著性水平下，这一项的系数约为 0.0045，说明中韩签订 FTA 显著增加了中韩双边贸易额，这一结果也与本书的预期相符，即中韩 FTA 的签订将提高中韩双边贸易额。

(二)稳健性检验

在稳健性检验中，本书采用两种方法：第一种方法是使用基于 OLS 估计的固定效应模型,计量结果如表 5-10 的第 1 列所示;第二种方法是,在计量方法上仍旧使用 PPML 估计,但是采用删除一半的样本,也就是每隔一个月使用一个样本的方法来进行稳健性检验,检验结果如表 6-10 的第 3 列所示。从这两种稳健性检验的结果来看,两种方法的计量结果与使用 PPML 估计所得到的系数的符号一致,只是系数的大小有所差异,证明本书使用的 PPML 估计的结果是稳健的。

表 5-10　中韩双边 FTA 对中韩双边贸易的影响:计量结果

被解释变量	OLS 估计 第 1 列 $\ln gdp_{ijt}$	PPML 估计 第 2 列 $\ln gdp_{ijt}$	PPML 估计 第 3 列 $\ln gdp_{ijt}$
$\ln gdp_{ijt}$	0.432 615 2*** (6.29)	0.336 241 3** (2.04)	0.312 514 7** (1.98)
$\ln distance_{ij}$	−1.374 499*** (−5.92)	−0.987 786*** (−3.77)	−0.876 649*** (−2.89)
dt	−0.152 314 7* (−1.63)	−0.132 215 2* (−1.63)	−0.143 617 6* (−1.63)
du	−0.122 457* (−1.65)	−0.113 124* (−1.67)	−0.122 457* (−1.69)
$du \times dt$	0.005 779 1** (2.14)	0.004 532 8* (1.94)	0.003 417 9** (2.23)
dm	−0.034 109 3* (−1.77)	−0.042 013 7** (−2.18)	−0.038 252 1* (−1.67)
β_0	16.956 52*** (7.65)	10.334 22*,** (6.61)	11.587 31*** (8.15)
国家对固定	是	是	是
时间固定	是	是	是
进口固定	是	是	是
出口固定	是	是	是
行业固定	是	是	是
R^2	0.955 2	0.936 6	0.943 7
样本量	5 280	5 280	5 280

注:* 代表在 10% 的显著性水平下显著,** 代表在 5% 的显著性水平下显著,*** 代表在 1% 的显著性水平下显著;小括号内为 t 值。

(三) 分组回归计量结果及分析

考虑到中韩双边 FTA 的签订可能对不同技术密集度的行业的贸易产生不同的影响,因此,在全样本分析的基础上,本书进一步分析中韩 FTA 对不同技术密集型行业中韩双边贸易的影响,计量结果如表 5-11 中的第 1、第 2 和第 3 列所示[1]。表 5-11 中第 1 列是劳动密集型行业的计量结果,第 2 列是资本密集型行业的计量结果,第 3 列是技术密集型行业的计量结果。

根据表 5-11 中第 1 至第 3 列的计量结果,在至少 10% 的显著性水平下,各解释变量对被解释变量的影响都是显著的。接下来,本书将对各列回归结果的系数进行分析。

第一,双边 GDP 乘积的对数对被解释变量的影响为正,双边距离的对数对被解释变量的影响为负,上述结果也符合贸易引力模型的结论。

第二,代表"萨德入韩"事件的虚拟变量(dm)对中韩劳动密集型行业、资本密集型行业和技术密集型行业双边贸易的影响均为负,说明 2016 年的"萨德入韩"事件同样降低了中韩两国在劳动密集型行业、资本密集型行业和技术密集型行业上的双边贸易额,这也与前文中全样本回归的结果相一致。

第三,在每一列中,本书所关心的代表中韩 FTA 是否签订的虚拟变量和时间虚拟变量的交互项($du \times dt$)对各列被解释变量的影响均为正,说明中韩 FTA 的签订显著增高了中韩两国在劳动密集型行业、资本密集型行业和技术密集型行业上的贸易额,这一方面也验证前文中所提出的理论假说,另一方面,也与本书基于总体回归所得到的结果相一致。

第四,从三列中代表中韩 FTA 是否签订的虚拟变量和时间虚拟变量的交互项($du \times dt$)的系数的对比来看,中韩 FTA 的签订对中韩两国劳动密集型行业双边贸易的影响最大,对技术密集型行业双边贸易额的影响次之,对资本密集型行业双边贸易额的影响最小。这其中可能的原因在于两个方面:第一,从比较优势的角度来分析,在中韩贸易中,中国作为发展中国家,与韩国在劳动力成本上的差距更大,更具有比较优势,这使得中韩两国签订 FTA 后,更有可能增加中国对韩劳动密集型行业产品的出口;与之对应的是,虽然与中国相比,韩国在劳动密集型行业和技术密集型行业中具有一定的比较优势,但由于

---

[1] 劳动密集型行业包括:第 1 类、第 2 类、第 3 类、第 4 类、第 8 类、第 9 类、第 11 类、第 12 类、第 15 类、第 20 类、第 22 类;资本密集型行业包括:第 5 类、第 6 类、第 7 类、第 10 类、第 13 类、第 14 类、第 21 类;技术密集型行业包括:第 16 类、第 17 类、第 18 类、第 19 类。

近年来中国在劳动密集型行业和技术密集型行业上的发展较为迅速,导致韩国的比较优势不断缩小,相应的,中韩双边FTA的签订,对中韩资本密集型行业和技术密集型行业双边贸易的影响相对较小;产生这一结果的第二个原因可能在于关税方面,在中韩FTA签订以前,韩国对中国在以活动物、动物产品为代表的劳动密集型行业的关税和非关税壁垒的限制较高,中韩FTA签订后,大量劳动密集型产品的关税降为0、海关程序简化、贸易便利化程度增加,这都进一步促进了劳动密集型行业双边贸易的增加,与之对应的是,中韩两国在签订FTA之前,针对资本密集型行业和技术密集型行业双边贸易的限制就相对较少,从而导致签订中韩FTA对这两类产品双边贸易的影响也小于其对中韩两国劳动密集型行业双边贸易的影响。

进一步的,为验证理论假说5-2-3,在表5-11的第4列和第5列,本书基于不同产品用途进行分组,分别分析中韩FTA对中间品贸易和最终品的影响[①]。根据最终的计量结果可以发现,中韩FTA的确对中韩中间品贸易的影响大于其对最终品贸易的影响,即由于关税的下降,导致中韩两国之间原本由本国生产的或由其他国家进口的中间品更多地改由中韩两国生产并进行贸易,从而导致中韩两国贸易的非线性增长。

表 5-11 分组回归结果

估计方法	基于要素密集度分组			基于用途分组回归	
	PPML 估计 劳动密集型行业 第 1 列	PPML 估计 资本密集型行业 第 2 列	PPML 估计 技术密集型行业 第 3 列	PPML 估计 中间品贸易 第 4 列	PPML 估计 最终品贸易 第 5 列
被解释变量	$\ln la_{ijt}$	$\ln ka_{ijt}$	$\ln te_{ijt}$	$\ln in_{ijt}$	$\ln fi_{ijt}$
$\ln gdp_{ijt}$	0.326 942 7***	0.231 349***	0.297 059 4***	0.193 233***	0.156 647***
	(4.10)	(4.06)	(4.09)	(5.12)	(3.07)
$\ln distance_{ij}$	−0.532 354 4**	−0.841 770 1***	−1.002 357***	−0.651 103 1***	−0.504 127***
	(−1.96)	(−4.04)	(−3.94)	(−3.01)	(−2.97)
dt	−0.177 365 7*	0.038 015*	−0.061 362 7*	0.013 124*	−0.021 144*
	(−1.88)	(1.73)	(−1.70)	(1.83)	(−1.80)

---

① 本书将第2类、第3类、第5类、第6类、第7类、第13类、第15类、第16类、第17类、第18类和第22类视为中间品,将第1类、第4类、第8类、第9类、第10类、第11类、第12类、第14类、第19类、第20类和第21类视为最终品。

(续表)

估计方法	基于要素密集度分组			基于用途分组回归	
	PPML 估计 劳动密集型行业 第1列	PPML 估计 资本密集型行业 第2列	PPML 估计 技术密集型行业 第3列	PPML 估计 中间品贸易 第4列	PPML 估计 最终品贸易 第5列
du	−0.263 776 4*	0.047 243*	−0.073 284 7*	0.047 243*	−0.073 284 7*
	(−1.86)	(1.81)	(1.73)	(1.81)	(1.73)
$du \times dt$	0.037 828 6*	0.007 149 7**	0.007 531 8**	0.012 321 4**	0.102 247**
	(1.95)	(2.18)	(2.17)	(2.26)	(2.05)
dm	−0.030 804*	−0.002 014 4**	−0.021 046*	−0.022 144**	−0.022 061*
	(−1.92)	(−2.05)	(−1.72)	(−2.00)	(−1.69)
β_0	12.731 51***	11.317 22***	10.829 49***	10.346 25***	9.478 26***
	(7.33)	(5.87)	(5.12)	(4.65)	(3.18)
国家对固定	是	是	是	是	是
时间固定	是	是	是	是	是
进口固定	是	是	是	是	是
出口固定	是	是	是	是	是
行业固定	是	是	是	是	是
R^2	0.951 6	0.953 4	0.952 6	0.943 2	0.931 5
样本量	2 640	1 680	960	2 640	2 640

注：*代表在10%的显著性水平下显著，**代表在5%的显著性水平下显著，***代表在1%的显著性水平下显著；小括号内为 t 值。

第三节 基于 Balassa 法的中韩 FTA 贸易效应的实证研究

在第一节和第二节的基础上，本节将基于巴拉萨(B. Balassa,1975)提出的从通过区域贸易合作前后的进口需求收入弹性的变化来解释区域贸易合作的贸易效应的方法来实证研究中韩 FTA 的贸易效应。

一、理论假说

根据前文对FTA的贸易效应的理论分析,FTA的贸易效应主要包括贸易创造效应和贸易转移效应,其中,贸易效应主要针对的是FTA区域内的国家之间的双边贸易而言,贸易转移效应则是针对FTA区域内国家与区域外国家之间的贸易而言的。

对中韩FTA的贸易效应而言,在中韩FTA签订后,随着中韩之间双边关税的下降,中韩双边贸易额必然也随之增加,因此,可以预见,中韩FTA对中韩双边贸易的影响为正。具体来说,由于相对于韩国而言,中国的经济总量更大,人口更多,且中国的技术水平略低于韩国,因此,当中韩FTA签订后,可能中国对于韩国产品的需求大于韩国对中国产品的需求,因此,本书认为,中韩FTA对中国的总贸易效应和贸易创造效应会更加大。从贸易转移效应来看,由于各国在绝大多数的产品上均只有一定的比较优势,即存在"意大利面碗效应",因此,中韩FTA后关税的下降将会导致部分原本由其他国家进口的产品的减少,即存在一定的贸易转移效应。

从不同技术密集度的行业来看,由于中国对于韩国的技术密集型产品的需求弹性更低,因此,当中韩FTA建立后,可能更易于中国对于韩国技术密集型产品的进口,因此,从中国的角度而言,在不同技术密集度行业自韩国的进口上,中国对韩国技术密集型行业产品的贸易创造效应更大,对韩国的劳动密集型产品的贸易创造效应更小;从韩国的角度来看,中韩FTA签订后,韩国对中国的劳动密集型行业的关税下降,将导致原本由韩国生产的劳动密集型产品改由中国进口,而由于此前韩国在技术密集型行业中就具有比较优势,因此,即使中韩FTA签订,也不会对韩国的技术密集型行业产生冲击,因此,从韩国的角度来说,中国的劳动密集型行业的创造效应更大。

从中间品贸易和最终品贸易的贸易创造和贸易转移效应来看,由于FTA导致关税成本下降,必然导致中韩中间品贸易和最终品贸易都会产生贸易转移和贸易创造效应,由于中国主要进口中间品用于最终品的生产,因此,中韩FTA对韩国在中间品贸易出口上的贸易创造效应和贸易转移效应更大;对于中国,在最终品出口上的贸易创造效应和贸易转移效应更大。

基于上述分析,本书提出本节的5个假说。

假说6-3-1：中韩FTA对中国和韩国的总贸易效应均为正。

假说6-3-2：中韩FTA对中国和韩国均存在贸易转移效应。

假说6-3-3：相对于韩国，中韩FTA对中国的贸易创造效应更大。

假说6-3-4：从不同行业的情况来看，中韩FTA对中国自韩国进口的技术密集型产品的影响更大；对韩国自中国进口的劳动密集型产品的影响更大。

假说6-3-5：从中间品和最终品贸易的情况来看，中韩FTA对中国自韩国进口的中间品的贸易创造效应和贸易转移效应更大；中韩FTA对韩国自中国进口的最终品的贸易创造和贸易转移效应更大。

二、计量模型的设定和数据来源

Balassa法主要基于以下逻辑来分析FTA的贸易效应：假设在区域贸易合作之前进口需求收入弹性是不变的，如果在区域合作之后有所改变，则变化是由于区域贸易合作引起的。如果在区域合作之后，区域贸易进口的需求弹性变大，则意味着存在贸易创造；反之，若区域外贸易的进口需求收入弹性减少，则意味着贸易转移。

在这一假设条件下，Balassa的基本方程如下：

$$M_i = AY_i b \mu \tag{5-9}$$

其中，M_i为i国的进口额，Y_i为i国的国内生产总值，b为进口需求收入弹性，A为其他影响i国的进口额的因素，μ为误差项。

由于假设进口需求弹性不变，因此，两边取对数后得到：

$$\ln M_i = \alpha_0 + \alpha_1 \ln Y_i + \nu_i \tag{5-10}$$

ν_i为μ取对数后的误差项

基于本书的研究目的，可以将方程(6-9)转为以下三个方程：

$$\ln TM_i = \beta_0 + \beta_1 \ln Y_i + \nu_i \tag{5-11}$$

$$\ln IM_i = \gamma_0 + \gamma_1 \ln Y_i + \nu_i \tag{5-12}$$

$$\ln EM_i = \theta_0 + \theta_1 \ln Y_i + \nu_i \tag{5-13}$$

其中，方程(6-11)为总进口方程，TM_i为i国的总进口额；方程(5-12)为FTA区域内进口方程，IM_i为i国的FTA区域内进口额；方程(5-13)中FTA区域外进口方程，EM_i为i国的FTA区域外进口额。

为研究中韩FTA对中韩双边贸易的影响，在此，本书在方程(5-10)、(5-

11)和(5-12)的基础上,参考姬艳洁和董秘刚(2012)、刘梦琳(2017)的方法,以 2016 年 1 月 1 日中韩 FTA 实施作为分界点,通过加入虚拟变量 D,令 $D=0$ 为中韩 FTA 未实施之前,$D=1$ 为中韩 FTA 实施后,则方程(5-11)、(5-12)和(5-13)可以改写为最终的 6 个计量方程。

针对中国总体情况、区域内和区域外的计量方程如下:

$$\ln \mathrm{TM}_c = \beta_{0c} + (\beta_{1c} + \beta_{2c}D)\ln Y_c + \nu_c \qquad (5\text{-}14)$$

$$\ln \mathrm{IM}_c = \gamma_{0c} + (\gamma_{1c} + \gamma_{2c}D)\ln Y_c + \nu_c \qquad (5\text{-}15)$$

$$\ln \mathrm{EM}_c = \theta_{0c} + (\theta_{1c} + \theta_{2c}D)\ln Y_c + \nu_c \qquad (5\text{-}16)$$

相应的,$\beta_{1c}+\beta_{2c}$ 为中韩两国签订 FTA 后的中国的总进口需求弹性,$\gamma_{1c}+\gamma_{2c}$ 为中韩两国签订 FTA 后中国的区域内进口需求弹性,$\theta_{1c}+\theta_{2c}$ 中韩两国签订 FTA 后中国的区域外进口需求弹性。若 $\beta_{1c}+\beta_{2c}>\beta_{1c}$ 则说明签订 FTA 对中国的总贸易效应为正,若 $\gamma_{1c}+\gamma_{2c}>\gamma_{1c}$ 则说明存在签订 FTA 对中国存在贸易创造效应,若 $\theta_{1c}+\theta_{2c}<\theta_{1c}$ 说明签订 FTA 对中国存在贸易转移效应。

针对韩国的总体、区域内和区域外的计量方程如下。

$$\ln \mathrm{TM}_k = \beta_{0k} + (\beta_{1k} + \beta_{2k}D)\ln Y_k + \nu_k \qquad (5\text{-}17)$$

$$\ln \mathrm{IM}_k = \gamma_{0k} + (\gamma_{1k} + \gamma_{2k}D)\ln Y_k + \nu_k \qquad (5\text{-}18)$$

$$\ln \mathrm{EM}_k = \theta_{0k} + (\theta_{1k} + \theta_{2k}D)\ln Y_k + \nu_k \qquad (5\text{-}19)$$

相应的,$\beta_{1k}+\beta_{2k}$ 为中韩两国签订 FTA 后的中国的总进口需求弹性,$\gamma_{1k}+\gamma_{2k}$ 为中韩两国签订 FTA 后中国的区域内进口需求弹性,$\theta_{1k}+\theta_{2k}$ 中韩两国签订 FTA 后中国的区域外进口需求弹性。若 $\beta_{1k}+\beta_{2k}>\beta_{1k}$ 则说明签订 FTA 对中国的总贸易效应为正,若 $\gamma_{1k}+\gamma_{2k}>\gamma_{1k}$ 则说明存在签订 FTA 对中国存在贸易创造效应,若 $\theta_{1k}+\theta_{2k}<\theta_{1k}$ 说明签订 FTA 对中国存在贸易转移效应。

在数据来源方面,与前文类似,考虑到若使用年度数据对中韩双边 FTA 对中韩双边贸易的影响进行实证分析,则中韩双边 FTA 实施后的数据较少,因此,本书在此使用月度数据对这一问题进行分析。所有数据,均以 2008 年 1 月的中国、韩国的 GDP 指数为基期进行了平减。考虑到在使用月度数据时,可能存在季节性因素,因此,本书使用了 X11 法对数据进行了调整。

在数据来源上,文中所使用的中韩、中日双边贸易和双边 GDP 的数据来源于 Wind 数据库,该数据库提供了 2008 年 1 月至 2017 年 12 月中国与主要贸易伙伴国之间的贸易数据和各国 GDP 的数据。

三、计量结果及分析

由于在本节中所使用的时间序列数据,因此,首先要对时间序列进行单位根和协整检验,单位根检验结果如表6-12所示。根据表6-12,在5%的显著性水平下,各原始数据均为一阶差分平稳时间序列,进一步的,检验各序列之间的协整关系,计算结果如表6-13所示。根据表6-13的结果,在5%的显著性水平下,各变量之间均存在一个协整关系。

表5-12 变量平稳性检验结果

变量	原始序列				一阶差分序列				
	检验形式	ADF值	5%临界值	平稳性	变量	检验形式	ADF值	5%临界值	平稳性
$lnTM_c$	(C,T,1)	1.907 013	−3.854 095	否	$\Delta lnTM_c$	(C,T,1)	−3.854 095	−3.733 200	是
$lnIM_c$	(C,T,1)	2.034 944	−3.854 095	否	$\Delta lnIM_c$	(C,T,1)	−4.019 788	−3.733 200	是
$lnEM_c$	(C,T,1)	1.905 687	−3.854 095	否	$\Delta lnEM_c$	(C,T,1)	−3.838 492	−3.733 200	是
lnY_c	(C,1,1)	1.816 247	−3.854 095	否	ΔlnY_c	(C,1,1)	−1.985 973	−3.733 200	是
$lnTM_k$	(C,T,1)	1.862 760	−3.854 095	否	$\Delta lnTM_k$	(C,T,1)	−3.773 444	−3.733 200	是
$lnIM_k$	(C,T,1)	2.143 886	−3.854 095	否	$\Delta lnIM_k$	(C,T,1)	−3.822 191	−3.733 200	是
$lnEM_k$	(C,T,1)	1.837 271	−3.854 095	否	$\Delta lnEM_k$	(C,T,1)	−3.814 225	−3.733 200	是
lnY_k	(C,1,1)	1.950 269	−3.854 095	否	ΔlnY_k	(C,1,1)	−2.324 326	−3.733 200	是

表5-13 协整检验结果

方程	统计量名称	统计量	5%显著性水平临界值	P值	结果
5-14	迹统计	15.498	11.854	0.049	存在协整关系**
	最大特征值统计	5.785	3.841	0.017	存在协整关系**
5-15	迹统计	12.321	11.356	0.035	存在协整关系**
	最大特征值统计	4.129	0.174	0.048	存在协整关系**
5-16	迹统计	15.494	11.906	0.036	存在协整关系**
	最大特征值统计	5.658	3.841	0.017	存在协整关系**
5-17	迹统计	12.321	11.394	0.036	存在协整关系**
	最大特征值统计	4.129	4.128	0.050	存在协整关系**
5-18	迹统计	15.495	12.779	0.046	存在协整关系**
	最大特征值统计	3.841	2.094	0.034	存在协整关系**
5-19	迹统计	13.820	12.321	0.028	存在协整关系**
	最大特征值统计	6.253	4.130	0.015	存在协整关系**

注:** 代表在5%的显著性水平下显著。

接下来,本书将通过最小二乘法,来分析 FTA 对中韩贸易的影响,计量结果如表 5-14 所示。根据表 5-14 的结果,在至少 10% 的显著性水平下,本书所关心的变量 b 和 c 的系数符号是显著的。从计量结果来看,根据方程(5-13)和方程(5-16)的计量结果,c 即 DlnY 的系数为正,那么,$b+c>b$,说明从总体来看,中韩 FTA 对中韩两国的贸易均有显著的促进作用,即中韩 FTA 对中韩两国来讲,总贸易效应为正,从系数大小来看,方程(5-14)中 c 的系数大于方程(5-17)中 c 的系数,说明中韩 FTA 对中国的总贸易效应大于其对韩国的总贸易效应;从方程(5-14)和方程(5-17)的计量结果来看,中韩 FTA 对中韩两国的贸易创造效应均为正,且对中国的贸易创造效应大于其对韩国的贸易创造效应[①];从方程(5-16)和方程(5-19)的结果来看,中韩 FTA 对两国都存在一定的贸易转移效应,且对中国的贸易转移效应略强于其对韩国的贸易转移效应。

表 5-13　Balassa 法计量结果

	中国				韩国		
方程	a	b	c	方程	a	b	c
6-14	8.140 029 ***	1.243 201 ***	0.048 709 **	6-17	8.005 444	0.817 626 **	0.032 350 ***
6-15	5.231 894 *	1.148 833 **	0.060 062 *	6-18	−4.722 415 ***	1.774 047 *	0.043 253 **
6-16	8.140 624 **	1.282 375 *	−0.031 546 *	6-19	8.553 801 *	0.758 533 ***	−0.040 487 **

注:a 为每个方程中常数项的系数,b 为每个方程中 lnY 的系数,c 为每个方程中 DlnY 的系数。* 代表在 10% 的显著性水平下显著,** 代表在 5% 的显著性水平下显著,*** 代表在 1% 的显著性水平下显著。

接下来,本书同样基于前文中对劳动密集型行业、资本密集型行业和技术密集型行业的分类,来研究中韩 FTA 对不同技术密集度的行业的总贸易效应、贸易创造效应和贸易转移效应,计量结果如表 5-15 所示。根据表 5-15 的计量结果,至少在 10% 的显著性水平下,中韩 FTA 对中国和韩国的不同技术密集型行业的产品均存在一定的贸易转移和贸易创造效应。从韩国对中国的出口而言,中韩 FTA 对韩国对中国的技术密集型行业的出口的贸易创造效应最大,对韩国对中国的劳动密集型行业的出口的贸易创造效应最小;从中国对韩国的出口而言,中韩 FTA 对中国对韩国出口的劳动密集型行业的贸易创造效应最大,技术密集型行业的贸易创造效应最小。从贸易转移效应来看,中韩

---

① 方程(5-14)、(5-15)、(5-16)和(5-17)中所体现的贸易创造效应和贸易转移效应,同样基于对 b 和 c 这两个系数的比较。

FTA对中韩两国均存在一定的效应转移效应,其中,对于中国进口韩国的产品来说,中国进口的技术密集型产品的贸易转移效应最大,劳动密集型行业的贸易转移效应最小;从韩国进口中国的产品来看,韩国进口中国的劳动密集型产品的贸易转移效应最大,技术密集型产品的贸易转移效应最小。上述事实也和目前中韩两国的比较优势以及中韩两国目前在双边贸易上存在一定的互补性的事实比较吻合。

表 5-15　Balassa 法分组回归结果

行业类型	中国				韩国			
	方程	a	b	c	方程	a	b	c
劳动密集型行业	6-14	6.142 105***	1.045 785***	0.046 324***	6-17	5.135 423	0.821 144**	0.067 213***
	6-15	5.667 325*	1.220 045**	0.021 142**	6-18	−2.175 687***	0.743 347**	0.065 213**
	6-16	7.213 504**	1.042 236*	−0.013 387*	6-19	6.178 143**	0.752 687***	−0.043 224**
	方程	a	b	c	方程	a	b	c
资本密集型行业	6-14	5.313 266***	1.050 047***	0.049 327*	6-17	4.521 247	0.743 215**	0.045 314***
	6-15	4.176 253*	1.242 169**	0.031 142**	6-18	−3.174 213***	1.453 014*	0.051 144**
	6-16	7.521 407**	1.442 567*	−0.031 475*	6-19	7.321 405**	0.615 104***	−0.041 456**
	方程	a	b	c	方程	a	b	c
技术密集型行业	6-14	6.324 421***	1.277 045***	0.063 142***	6-17	3.173 141	0.612 676**	0.031 231***
	6-15	4.213 392*	1.148 833**	0.071 153***	6-18	−4.722 415***	0.675 513*	0.053 0131**
	6-16	7.317 745**	1.174 235*	−0.032 798*	6-19	6.543 897**	0.641 402***	−0.031 572**

注:a 为每个方程中常数项的系数,b 为每个方程中 $\ln Y$ 的系数,c 为每个方程中 $D\ln Y$ 的系数。* 代表在10%的显著性水平下显著,** 代表在5%的显著性水平下显著,*** 代表在1%的显著性水平下显著。

表 5-16 进一步分析了基于中间品贸易和最终品贸易进行分组的 Balassa 法回归的结果,从中可以发现,在至少 10% 的显著性水平下,各主要变量都是显著的。根据这一结果,中韩 FTA 对中国自韩国进口的中间品的贸易创造效应和贸易转移效应更大;中韩 FTA 对韩国自中国进口的最终品的贸易创造和贸易转移效应更大,从而验证了前文中的理论假说 6-3-5。

表 5-16　基于中间品贸易和最终品贸易的 Balassa 法回归结果

行业类型		中国				韩国		
	方程	a	b	c	方程	a	b	c
中间品贸易行业	6-14	4.317 72***	1.322 45**	0.053 248***	6-17	5.250 04	0.642 281**	0.053 542**
	6-15	4.662 354*	0.330 141**	0.065 513**	6-18	1.325 87***	0.447 783*	0.071 152**
	6-16	3.152 45**	0.043 321*	−0.015 214*	6-19	3.115 23*	0.256 253**	−0.034 125**
	方程	a	b	c	方程	a	b	c
最终品贸易行业	6-14	3.315 42***	1.123 87**	0.152 487*	6-17	2.234 87	0.835 643**	0.105 512***
	6-15	2.112 54*	0.936 874**	0.043 325 4**	6-18	3.224 514**	0.856 944**	0.031 522**
	6-16	2.512 53**	1.258 744**	−0.231 524*	6-19	1.459 62*	1.132 784**	−0.251 463**

注：a 为每个方程中常数项的系数，b 为每个方程中 $\ln Y$ 的系数，c 为每个方程中 $D\ln Y$ 的系数。* 代表在 10% 的显著性水平下显著，** 代表在 5% 的显著性水平下显著，*** 代表在 1% 的显著性水平下显著。

第四节　本章主要结论和政策启示

在第一节中，本书通过贸易引力模型，实证研究了签订双边 FTA 将促进两国之间的双边贸易，在第二节中，通过采用双重差分模型，证明了中韩 FTA 对中韩双边贸易具有促进作用；第三节中，基于 Balassa 法对中韩 FTA 贸易效应的实证研究，证明了中韩 FTA 会提高中韩两国的贸易创造效应，促进中韩双边贸易。

本章的研究中所得到的主要结论包括以下两点。

第一，基于贸易引力模型，对中国与主要贸易伙伴之间贸易量影响的实证研究表明，双边 GDP 对贸易量的影响为正，双边距离对贸易的影响为负；本书所主要关心的是是否签订双边 FTA 对中国与主要贸易伙伴国之间双边贸易的影响为正；与中国是否存在陆地共边界对中国与主要贸易伙伴国之间的贸易量的影响为正；贸易便利化程度对中国与主要贸易伙伴国之间双边贸易量的影响为正，分组回归结果表明，中国与主要贸易伙伴国签订双边 FTA 对资本和技术密集型行业双边贸易的影响最大，对劳动密集型行业双边贸易的影响次之，对资源密集型行业双边贸易的影响程度最小。

第二,基于贸易引力模型针对 2008 年 1 月至 2017 年 12 月中韩双边贸易的月度数据,采用双重差分模型,实证研究了中韩 FTA 对中韩双边贸易的影响,结果表明,中韩 FTA 显著增加了中韩双边贸易额;中韩 FTA 的签订对中韩两国劳动密集型行业双边贸易的影响最大,对技术密集型行业双边贸易额的影响次之,对资本密集型行业双边贸易额的影响最小;中韩 FTA 虽然可以同时促进中韩中间品贸易和最终品贸易的发展,但从其对上述两类产品贸易的影响上来看,中韩 FTA 对中韩中间品贸易的影响程度大于其对最终品贸易的影响程度。

第三,基于 Balassa 法对中韩双边贸易月度数据的分析表明,中韩 FTA 对中国和韩国均存在一定的贸易创造和贸易转移效应,但对两国的总贸易效应为正。从不同行业的情况来看,中韩 FTA 对中国对韩国出口的劳动密集型产品的贸易创造效应最大,技术密集型产品的贸易创造效应最小;中韩 FTA 对韩国对中国出口的技术密集型产品的贸易创造效应最大,劳动密集型产品的贸易创造效应最小。中韩 FTA 对中国自韩国进口的中间品的贸易创造效应和贸易转移效应更大;中韩 FTA 对韩国自中国进口的最终品的贸易创造和贸易转移效应更大。

第六章 中韩FTA发展完善的政策建议及对中日韩FTA路径的启示

本章将根据前文的分析结论,重点分析中韩FTA未来发展完善的政策建议以及中韩FTA对目前中国、日本和韩国正在谈判的《中日韩自由贸易协定》的路径进行阐述。第一节,中韩FTA未来发展完善的政策建议,主要从货物贸易议题、服务贸易议题、投资议题、"21世纪议题"等几个层面,对未来中韩FTA可能的进一步完善之处提出建议;第二节,本书将根据中韩FTA的签订过程和主要内容,从在未来构建中日韩FTA的角度,提出相应的政策建议。在对中韩FTA未来完善的政策建议和中韩FTA对构建中日韩FTA的启示上,本书首先在对各国整体情况分析后,进一步站在中国的角度,提出适合中国的政策建议。

第一节 中韩FTA未来发展完善和中国的政策建议

2016年1月1日实施的中韩FTA,从某些方面来看,仍有着诸多不足,在中韩FTA中的第22章"最终条款"中的"附件22-A"中,中韩两国也明确提出了第二阶段的谈判方针。[1] 这说明,中韩FTA未来仍有着一些待完善之处。接下来,本书将从货物贸易、服务贸易和投资、"21世纪议题"等方面,对未来中韩FTA可能需要进一步完善的方面进行分析,在此基础上,进一步提出中国可能实施的对策。

---

[1] 《中国-韩国自由贸易协定》中的第22章。http://fta.mofcom.gov.cn/korea/annex/xdwb_22_cn.pdf。

一、货物贸易议题的完善

在货物贸易中,中韩 FTA 可能需要进一步完善的地方包括以下几个方面。

一是在关税减让方面,虽然目前的中韩 FTA 使得中韩两国均对对方进行了较大幅度的关税减让,但这种减让,即使以未来 20 年的情况来看,在中韩 FTA 实施 20 年,实施"零关税"的税目,从中国来看,仅占全部税目的 84.96%,从韩国的情况来看,完全"零关税"的税目仅占全部税目的不到 80%,说明中韩 FTA 距离完全"零关税"仍有很长的一段路要走,因此,在关税减让方面,中韩两国仍需要进一步谈判,从而产生优化、完善中韩 FTA 的可能。

二是在原产地规则上,可以改进和完善之处包括以下两点。首先,目前所规定的是"货物生产中使用的一缔约方出口的原产材料价值不低于全部材料价值的 60%",北美自由贸易协定(NAFTA)中对原地规则的认定则是:"以交易价值法计算时,原产性区域价值含量不少于 60%,以净成本法计算时,原产性区域价值含量不少于 50%";欧盟(EU)在成员国之间取消贸易壁垒后,原产地规则已无关紧要。在全球价值链逐渐形成的大背景下,可能目前不低于 60% 的原产性区域价值含量不再适合当前的经济形势,因此,在未来,在原产地规则上,可能中韩 FTA 还会有进一步改进的可能。其次,在未来,中韩 FTA 可以进一步简化原地产规则的认定程序,从而有助于进一步完善中韩 FTA、促进中韩双边贸易的发展。

三是在海关程序和贸易便利化方面,中韩双方可能在未来会通过进一步的协商,进一步优化海关的通关程序、增加透明度来进一步完善中韩 FTA。

二、服务贸易议题的完善

根据中韩 FTA 中的第 22 章"最终条款"中的"附件 22-A"中的相关内容可以发现,中韩两国目前已经明确提出,在未来,中韩 FTA 的谈判将重点涉及"基于负面清单模式,制订与跨境服务贸易、金融服务和投资相关的整合后的保留清单"①。这也就是说,在服务贸易领域,未来的中韩 FTA 将由目前的以"正面清单"为主的模式向以"负面清单"为主的模式转变,且重点将放在跨境服务贸易、金融服务等相关领域。

三、投资议题的完善

在投资领域,中韩 FTA 最有可能进一步深化的领域包括:首先,仍旧是由目前基于"正面清单"的管理模型向基于"负面清单"的管理模式转变;其次,随着中韩两国经济交往的进一步加深和中韩两国的国际竞争力的提升,未来在金融、保险、电信等领域对外国投资的限制也必然会逐渐缩小;最后,在投资的管理上,可能会逐步由目前的事实审核向事后监管转变,提高两国的投资便利程度,从而促进两国的双边投资的增加。

四、"21 世纪议题"的完善

在全球价值链逐步形成的情况下,在未来,必然会有更多的超越 WTO 的相关规定的"21 世纪议题"被写入双边 FTA 协定中。由于目前中韩 FTA 协定只包括诸如竞争政策、知识产权保护和贸易与环境等内容,因此,未来中韩 FTA 的发展和完善,必然会加入更多的"21 世纪议题"的内容。

总的来说,未来中韩 FTA 中关于"21 世纪议题"的相关内容的进一步完善,主要可以从增加现有协定中没有的"21 世纪议题"和完善协定中现有的"21 世纪议题"这两个方面进行。

首先,根据目前的中韩 FTA 和此前以美国为主导的"跨太平洋伙伴关系协定(TPP)"相比较,(TPP)中包含的诸如国有企业问题、食品采购、劳工、政府采购、中小企业等相关议题,并没有出现在中韩 FTA 中,而这些议题,又是未来的双边 FTA 中所重点关注的问题,因此,未来中韩 FTA 中也必然会加入上述内容。

其次,仅就目前中韩 FTA 中所包含的"21 世纪议题"中,仍旧是基于目前

---

① 《中国-韩国自由贸易协定》中的第 22 章。http://fta.mofcom.gov.cn/korea/annex/xdwb_22_cn.pdf。

中韩两国的实际情况而设定的,如在知识产权保护上所设定的保护期,虽然比较符合目前中韩两国的实际情况,但与发达国家之间的双边FTA中对知识产权保护的要求相比,仍有一定的差距;在贸易与环境这个问题上,同样如此,中韩FTA中,在贸易与环境上并没有实质性的硬性规定,只是规定"双方各自拥有确定各自环保水平及其环境发展优先领域,以及制定或修订其环境法律和政策的主权权利",这也为日后中韩两国在后续谈判中关于贸易与环境的议题上提供了可以进一步完善的空间。

五、中国的政策建议

从中国的角度来看,在中韩FTA的未来完善方面,首先,中国应该通过政策评估,充分考虑到中国的核心所在,对于关系到国民经济发展和国家核心利益的重要领域,中国需要有选择地进行谈判;其次,中国还是应该本着开放促改革的原则,通过对外开放来促进国内的改革,因此,在一些领域,中国可以通过放弃一部分利益,引入更高水平的FTA条款,来促进中国国内企业之间的竞争和国内经济改革的加快;最后,在谈判过程中,中国也可以根据现实情况,通过放弃部分利益,来换取韩国更大幅度的开放,从而促进中国企业对韩国的出口。

第二节　中日韩FTA的路径和中国政策研究

一、中日韩FTA的路径

针对本书对中韩FTA的分析,本书提出以中韩FTA为基础,未来进一步促进中日韩自由贸易协定(以下简称中日韩FTA)发展的路径。

首先,本书认为,中日韩FTA的签署,将是一个长期的过程,而非短期一蹴而就的过程,在这一过程中,至少需要经过以下几个步骤。

第一阶段,学者和智库研究阶段。

第六章 中韩 FTA 发展完善的政策建议及对中日韩 FTA 路径的启示

在这一阶段,需要中日韩三国的学者和民间智库共同研究、探讨,从政治、经济、社会、文化、环境等诸多方面,对中日韩 FTA 所可能产生的影响进行细致的分析。从中韩 FTA 签署的进程来看,在中韩 FTA 签署之前,中韩两国的众多学者和民间智库,对中韩 FTA 所可能产生的影响,进行了长达 6 年左右的研究工作,全面、系统地分析了中韩 FTA 所可能产生的影响。鉴于中日韩三国在地缘、历史、经济、社会等各个方面之间的长久的联系,导致中日韩 FTA 可能并不单纯的是一个经济协定,可能更多的会从政治、经济、社会、文化、环境等诸多方面,对中日韩三国产生广泛而深远的影响,且中日韩 FTA 所要涉及的范围和影响程度远大于中韩 FTA,因此,中日韩 FTA 更需要中日韩三国的学者和民间智库,从政治、经济、文化、社会、环境等各个方面进行细致的分析,这也将是一个相对长期、持续的过程,但这一过程能否较为顺利的实施,将直接关系到后面中日韩 FTA 的谈判进程和最终成果能否达成。因此,这一步,虽然是中日韩 FTA 的前奏,但如果这一阶段可以顺利实施,将为中日韩 FTA 打下坚实的基础。此外,虽然这一阶段的研究应该放在中日韩三国具体谈判之前,但是,这一阶段也必然会随着中日韩三国的谈判开始而结束,由于在中日韩三国的谈判必然是一个长期的过程,在这一过程中,随着世界和中日韩三国政治、经济形势的变化和谈判的深入,必然会出现一些新的问题需要进行进一步的研究和探讨,此时,学者和智库同样需要随时跟进谈判的进程,以便随时解决在中日韩 FTA 谈判过程中所出现的一些问题,加快中日韩 FTA 谈判的进程。因此,虽然目前这一阶段已经结束,并于 2011 年形成了《中日韩自由贸易区可行性联合研究报告》[①],相信在未来的谈判过程中,仍有一些内容是需要中日韩三国的学者和智库进行跟进和研究的。

具体来看,本书认为,在未来,需要中日韩三国学者和智库进一步研究、探讨的问题主要包括以下几个方面。

一是在政治上,由于中日韩三国在历史上的各种联系和现实中政治文化的差异,因此,需要考察中日韩 FTA 签署可能在各国政治层面所遇到的阻碍。

二是在经济上,自由贸易协定必然会导致贸易创造和贸易转移,而在目前普遍存在"意大利面碗"式的比较优势的情况下,中日韩 FTA 的签署必然导致

---

① 中国自由贸易区服务网:中日韩自由贸易区可行性联合研究报告. http://fta.mofcom.gov.cn/inforimages/201203/20120330164710381.pdf.

三国比较优势的变化,从而对三国的对外贸易产生影响,这种影响,需要三国的相关学者和智库,根据相关数据,从理论和实证两个方面,对这一问题进行分析。

三是在文化上,虽然说三国的文化相近,但是,三国同是有着各自内在的、固有的文化观念,而自由贸易协定必然针对这种文化观点产生冲击,从而影响三国社会的各个方面。

四是在社会层面上,根据国际贸易理论中的 Stolper-Smuuelson 定理,对外贸易将会对一国国内生产要素报酬产生影响,中日韩 FTA 一旦签署,必然会对三国国内不同技术劳动者在劳动报酬方面产生影响,因此,如何妥善处理好由于对外贸易而造成的不同技术劳动者生产要素报酬差距的变化,这既是一个经济问题,同时也是一个社会问题,这需要三国的学者和智库进行详细的研究,一旦这个问题无法妥善解决,将直接影响到三国对于中日韩 FTA 的态度,从而可能阻碍中日韩 FTA 的签订。

四是在环境问题上,中日韩 FTA 同样可能会对三国的环境产生影响。由于自由贸易协定将会影响一国的经济和对外贸易,而对外贸易又将影响一国的环境变化,在此,仅以中国为例进行说明。由于相对于日本和韩国,中国作为发展中国家,在劳动密集型的生产环节和行业上具有一定的比较优势,中日韩 FTA 签署后,中国的这种比较优势可能会得到强化,而在劳动密集型的产品和生产环节中,有相当一部分会污染环境,因此,中日韩 FTA 签署后,会对三国的环境产生何种影响,也是一个需要三国学者和智库研究的问题之一。

上述几大问题,虽然在已经形成的《中日韩自由贸易区可行性联合研究报告》中均有涉及,但由于政治、经济形势的变化和谈判的长期性,这些问题可能仍旧会成为未来阻碍中日韩 FTA 谈判的"绊脚石",需要中日韩三国的学者和智库进行研究。

第二步,中日韩三国谈判阶段。

根据在中韩 FTA 的双边谈判中,中韩双方自 2010 年 9 月起,至 2014 年 11 月止,在长达 5 年的时间里共进行了 14 轮谈判的经验,鉴于相对于中韩 FTA 的谈判,中日韩 FTA 的谈判所涉及的范围更广、历史问题可能会更多,因此,在中日韩 FTA 的谈判阶段,中日韩三国首先需要有一个经历长期、多轮谈判的准备,需要有在相当长的时间内,可能都无法达成协议的心理准备,在坚信中日韩 FTA 最终一定能够达成的前提下,中日韩三方需要不断地进行双

第六章　中韩 FTA 发展完善的政策建议及对中日韩 FTA 路径的启示

边和多边谈判,来解决各方之间存在的分歧①。

其次,在中日韩 FTA 的谈判过程中,三国需要本着求同存异的理念,在合理设定本国的底线的情况下,开诚布公地进行谈判。在中日韩 FTA 的谈判过程中,中日韩三国都有着各自的利益诉求,如何能够达成一致,需要中日韩三国政府和谈判专家充分发挥政治智慧,本着求同存异的态度来进行贸易谈判。

在货物贸易中,日本在农产品贸易方面,必然存在着由于本国农业压力而导致的不愿降低农产品关税的诉求,与之对应的是,中国在某些资本密集型和技术密集型产品上,也存在着出于保护本国工业而产生的利益诉求,韩国则在以农产品和汽车等行业上存在着利益诉求,这就要求,三国需要在相关利益上做出必要的让步,达成三方相对满意的结果。

在服务贸易领域,中日韩三方的谈判焦点可能会集中在以下几个方面。一是在服务贸易上,究竟是采用正面清单的方式还是负面清单的方式,虽然在跨太平洋伙伴协定(TPP)中关于服务贸易领域开放的清单是基于负面清单的,但考虑到中日韩三国的现实情况以及中韩 FTA 的经验,中日韩 FTA 更应该采用正面清单的方式。二是在服务部门的开放程度上,可能各国都存在需要在部分关系到本国政治、文化的核心问题的领域上,对这一部分服务领域,可能中日韩三国均不太可能完全开放,因此,需要通过谈判的方式来确定究竟哪些部门可以开放以及开放到何种程度。三是在四种服务贸易提供方式上,根据中韩 FTA 的经验,在境外消费实现的服务贸易方面,中日韩三国可能不会设置过多的限制,基本上可以做到完全开放;在以跨境交易实现的服务贸易上,可能中日韩三国只会有较少的限制;在以自然人流动实现的服务贸易上,可能中日韩三国只会给予水平承诺,而不会对某一个部门给予具体承诺;在以商业存在形式实现的服务贸易上,可能将是中日韩三国谈判的重点,特别是在电信、专利权、银行、保险等部门上,需要中日韩三方进行较为艰苦的谈判。四是在市场准入限制、国民待遇和附加承诺方面,对于国民待遇,中日韩三方预期不会产生较大的分歧,中日韩三方会给予对方国民待遇,争论的焦点可能会集中在市场准入限制上,特别是在选择采用数量限制还是资格限制方面。因此,在服务贸易领域,中日韩三国同样需要在某些关键部门和关键领域,守住

---

① 根据中国自由贸易区服务网的相关信息,自 2012 年起,至 2018 年 3 月,中日韩三国在 5 年多的时间里,已经进行了 13 轮谈判。

己方的底线,同时,采用较为灵活的谈判方式进行谈判。

在"21世纪议题"方面,通过比较中韩FTA的文本和《跨太平洋贸易伙伴协定》(TPP)的文本可以发现,相对于《跨太平洋贸易伙伴协定》,中韩FTA中所涉及的"21世纪议题"相对较少,仅包括竞争政策、知识产权保护和贸易与环境等少数议题,而诸如政府采购、国有企业、劳工、中小企业等议题,并没有在中韩FTA中体现。因此,在中日韩三国进行自由贸易协定谈判时,由于日本和韩国是《跨太平洋贸易伙伴协定》的缔约国,因此,必然存在着中日韩FTA中的相关要求可能要高于《中韩自由贸易协定》的情况,这必将在某些方面可能会损害中国的利益。因此,这就要求中国明确本国的核心利益和哪些是可以让步的地方,同时也需要日本和韩国充分考虑到中国的核心利益,在某些方面做出必要的让步,才能为中日韩FTA的达成创造条件。

第三步,协定签署和后续执行、修订阶段。

需要指出的是,由于在本质上,中日韩FTA必将会对中日韩三国的经济和贸易产生积极影响,因此,虽然中日韩FTA的谈判过程会十分艰难,但我们相信,中日韩FTA在未来必将会达成协议。但我们也应该看到,在中日韩FTA达成后,并不意味着结束,而是一个新的开始,仍旧存在着很多工作需要继续完成。

首先是中日韩FTA的执行问题,即在充分履行中日韩自由贸易协定的同时,如何最大限度地保障各国的核心利益,仍是一个需要各国仔细考虑的问题。

其次,我们相信,中日韩FTA并不会是一个最终结果,在未来,随着世界经济和中日韩三国经济的发展,仍将在后续面临着修订、更改某些条款,从而实现更高标准的自由贸易协定。在前文中,我们提到过,从目前的情况来看,中日韩FTA可能最终会成为一个标准高于中韩FTA但可能会略低于《跨太平洋贸易伙伴协定》(TPP)的多边贸易协定,这就使得未来所签署的中日韩FTA仍只是一个中日韩三国在权衡在保护本国的核心利益的前提下,通过自由贸易所带来的利益和所付出的成本的情况下,谈判和妥协的结果,从这个角度来说,这仍只是一个需要随着中日韩三国政治、经济形势而不断修订的自由贸易协定。因此,即使中日韩三国签订了中日韩FTA,仍旧需要中日韩三国在接下来根据实际情况,对自由贸易协定进行修订,但应该指出的是,这种修订,需要参照《服务贸易协定》(TISA),通过引入"棘轮条款"来保证未来的修订只能使自由贸易协定满足更高的标准,即产生一种向上的"棘轮效应",从而使中日韩三国之间最终向自由贸易这一目标迈进。

最后,中日韩 FTA 同样必然不会是一个最终的自由贸易协定,必然进一步向"中日韩+东盟"(10+3)自由贸易协定迈进,这同样需要在未来,中日韩三国和东盟 10 国通过谈判,达成满足各方需求的自由贸易协定,相应的,未来的中日韩自由贸易协定也需要通过修订来适应未来的中日韩和东盟(10+3)自由贸易协定。

总之,未来的中日韩 FTA 一定会是一个根据实际情况不断修订,不断向高水平的自由贸易协定迈进的自由贸易协定,而非是一个一成不变的自由贸易协定。

二、中国的政策研究

从中国的角度来看,在接下来的中日韩 FTA 的谈判中,我们认为,第一,中国应该明确中国在中日韩 FTA 谈判中的核心利益所在,即在哪些领域,中国是可以让步的,通过这些让步,可以为中国带来哪些利益,而在哪些领域,中国是不可能让步的;第二,作为世界第二大经济体,中国应该掌握中日韩 FTA 谈判过程中的主动权,主动承担起领导中日韩 FTA 谈判进程的作用;第三,在谈判过程中,中国需要本着有理有利的原则来进行谈判,对于某些在短期内不能解决的分歧,中国需要本着搁置争议的方式,来推进谈判的进行。

参考文献

[1] Viner, J. The Customs Union Issue [M]. NY: Carnegie Endowment for International Peace, 1950.

[2] Lipsey, R. G. The Theory of Customs Unions: Trade Diversion and Welfare [J]. Economic, 1957(2).

[3] Kemp, M. C., H. Y. Wan. An Elementary Proposition Concerning the Formation of Customs Unions [J]. Journal of International Ecnonmics, 1976(6).

[4] Scitovsky T. Economic Theory and Western European Integration [M]. London: George Allen and Unwin, 1958.

[5] Deniau, J. F. Le Marche Commun, Que Sais Je? P. U. F., Paris, 1977.

[6] Krugman, P. Is Bilateralism Bad in International Trade and Trade Policy? [M] Helpman and Razin, eds., Cambridge, UK: Cambridge University Press, 1992.

[7] Bagwell, K., R. Staiger. Multilateral Tariff Cooperation During the Formation of Free Trade Areas [J]. International Economic Review, 1997(38).

[8] Bagwell, K., R. Staiger. Multilateral Tariff Cooperation During the Formation of Customs Unions [J]. Journal of International Economics, 1997(42).

[9] Frankel, J. A., S. J. Wei. Regionalization of World Trade and Currencies: Economics and Politics [J]. The Regionalization of the World Economy, 1998.

[10] Soloaga, I., L. A. Wintersb. Regionalism in the nineties: what effect on trade? [J]. The North American Journal of Economics and Finance, 2001(3).

[11] Cernat, L. Assessing Regional Trade Arrangements: Are South-South RTAs More Trade Diverting? [J]. International Trade, 2001.

[12] Wilson, J. S., C. L. Mann, T. Otsuki. Assessing the Potential Benefit of Trade Facilitation: A Global Perspective[J]. The World Bank, 2004.

[13] Dee, P., J. Gali. The Trade and Investment Effect of Preferential Trading [J]. NBER Chapters, 2005.

[14] Antoni Estevadeordal, Caroline Freund, Emanuel Ornels. Does Regionalism Affect Trade Liberalization towards Non-Member? [J]. Quarterly Journal of Economics, 2008, 123(4).

[15] Carrère, C. Revisiting the Effects of Regional Trade Agreements on Trade Flows with Proper Specification of the Gravity Model[J]. European Economic Review, 2003, 50(2).

[16] S. Yu, H. C. Tang, X. P. Xu. The Impact of the ACFTA on ASEAN-PRC Trade: Estimates Based on An Extended Gravity Model for Component Trade[J]. Applied Economicds, 2014, 46(19).

[17] Maktouf, S. Trade Creation and Diversion Effects in the Mediterranean Area: Econometric Analysis by Gravity Model[J]. The Journal of International Trade and Economic Development, 2015, 24(1).

[18] Balassa B. Trade Creation and Diversion in the European Common Market: An Appraisal of the Evidence [J]. European Economic Integration, 1975.

[19] Johansen L. A Multi-Sectoral Study of Economic Growth [M]. Amsterdam: North-Holland, 1960.

[20] Dixon P B. A Multisectoral Model of the Australian Economy [M]. North Holland, 1982.

[21] Hertel T. W.. Global Trade Analysis: Modeling and Application[M]. Cambridge University Press, New York, 1997.

[22] Adams, P. D., K. M. Huff. Medium- and -Long -Run Consequences for Asian Free Trade Area: CGE Analyses Using the GTAP and Monash Models[J]. Journal of International Economic Law, 1995(9).

[23] Kitou, E., G. Philippiids. A Quantilative Economic Assessment of a Can-

ada - EU Comprehensive Economic Trade Agreement[J]. Thirteenth Annual Conference on Global Economic Analysis,2010.

[24]Francois,J. ,M. Manchin,H. Norberg. Reducing Transatlantic Barriers to Trade and Investment: An Economic Assessment[Z]. Idie Discussion Paper,2013.

[25]Kawasaki,K. The Macro and Sectoral Significance of an FTAAP[Z]. Esri Discussion Paper,2010.

[26]A. Mitsuyo. Impact of FTAs in East Asia: CGE Simlation Analysis[Z]. RIETI Discussion Papers, No. 09-e-037,2009.

[27]G. Mahinda,C. Siriwrdana. Australia's Involvement in Free Trade Agreement: An Economic Evaluation[J]. Global Economic Review,2010,35,(01).

[28]Bitan, M. , S. Smita, , T. Vishal. Impact of ASEAN — India Free Trade Agreement on Indian Dairy Trade: A Quantitative Approach [R]. University Library of Munich,Germany,2012.

[29]Thomy, B. , G. A. Tularam,M. Siriwardana. Partial Equilibrium Analysis to Determine the Impacts of a Southern African Customs Union—European Union Economic Partnership Agreement on Botswana 's Imports [J]. American Journal of Economics and Business Administration, 2013, 5(1).

[30]I. Cheong and Y. S. Nam . Economic Effects of Korea-China FTA and its Main Issues. Korea Institute for International Economic Policy, 2004.

[31]A. Audrey. FTA between China and Korea[J]. Chinese business , 2012 (3).

[32]Kim,B. S. China-Japan-Korea FTA:Strategies for Korea Manufacturing Sector [C]. KIEP Analysis,05-05, 2005.

[33]Lee,H. Economic Effects of a Korea-China FTA and Policy Implication [C]. KIEP Policy Analysis,05-03,2005.

[34]Brown,A. J. Applied Economics: Aspect of the World Economy in the War and Peace[M]. London: Allen and Unwin,1949.

[35]Kojina,K. The Pattern of International Trade among Advanced Coun-

tries[J]. Hitosubasbi Journal of Economics, Vol(5),1964(1).

[36] H. G. Grubel and P. J. Lloyd, Inter-Industry Trade: the Theory and Measurement of International Trade in Differentiated Products, Macmillan, 1975.

[37] Hoekman, B. Assessing the General Agreement on Trade in Services, in Martin, W. and Winters, L. A. eds. , The Uruguay Round and the Developing Economies, World Bank discussion paper. No 307. Washington, D. C. , 1995.

[38] Cordon, M. Economics of Scale and Customs Union Theory[J] Journal of Political Economy, 1972 (80).

[39] Baldwin, R. E. , A. J. Venables. Regional Economic Integration[J], in Grossman GM. And K. Rogoffeds. Handbook of International Economics V01. III, 1579-1644. Elsevier. Amsterdam: North Holland, 1995.

[40] Tinbergen, J. Shaping the world economy: Suggestions for an international economic policy[Z]. The Twentieth Century Fund, 1962.

[41] Rose, A. K. Do We Really Know That the WTO Increase Trade[J]. The American Economic Review, Vol(94),2004(1).

[42] Romalis, J. NAFTA's and CUSFTA's Impact on International Trade [J]. Review of Economics and Statistics, Vol(89),2007(3).

[43] Rose, A. K. , M. M. Spiegel. The Olympic Effict[J]. The Economic Journal, Vol(121), 011(553).

[44] Baldwin, R. , D. Taglioni. Trade Effects of the Euro: A Comparison of Estimators [J]. Journal of Economic Integration. Vol(22),2007(4).

[45] Baier, S. L. , J. H. Bergstrand. TheGrowth of the World Trade: Tariff , Transport Costs and Income Similarity[J]. Journal of International Economics, Vol(71),2001(1).

[46] Anderson, J. E. , E. V. Wincoop. Gravity with Gravitas: A Solution to the Border Puzzle[J]. The American Economic Review, Vol(93), 2003 (1).

[47] Santos Silva, J. M. C. , S. Tenreyo. The Log of Gravity[J]. Review of Economics and Statistics, 2006(88).

[48] 姬艳洁,董秘刚. 基于巴拉萨模型的中国新西兰 FTA 贸易效应研究[J]. 亚太经济,2012(6).

[49] 陈珏. 中韩贸易自由化的贸易增加值效应评估[D]. 长沙:湖南大学,2017.

[50] 成利沙. 中国与新加坡双边贸易的发展及推进因素分析[D]. 大连:东北财经大学,2012.

[51] 李荣林,赵滨元. 中国当前 FTA 贸易效应分析与比较[J]. 亚太经济,2012(3).

[52] 赵金龙,赵明哲. CAFTA 对中国和东盟六国双边贸易的影响研究[J]. 财贸经济,2015(12).

[53] 郎永峰,尹翔硕. 中国—东盟 FTA 贸易效应实证研究[J]. 世界经济研究,2009(9).

[54] 陈雯. 中国—东盟自由贸易区的贸易效应研究—基于引力模型"单国模式"的实证分析[J]. 国际贸易问题,2009(1).

[55] 吕宏芬,郑亚莉. 对中国—智利自由贸易区贸易效应的引力模型分析[J]. 国际贸易问题,2013(2).

[56] 林琳,李怀琪. 中国—新加坡自由贸易区的经济效应研究[J]. 经济问题探索,2015(11).

[57] 陈淑梅,林晓凤. 全球价值链视角下中国 FTA 的贸易效应再检验[J]. 东南大学学报(哲学社会科学版),2018(3).

[58] 刘梦琳. 中国-新加坡自由贸易区 贸易效应研究[D]. 北京:首都经济贸易大学,2017.

[59] 薛敬孝,张伯伟. 东亚经贸合作安排:基于可计算一般均衡模型[J]. 世界经济,2004(9).

[60] 曹宏苓. 一般均衡分析在自由贸易区研究中的应用[J]. 国际经贸探索,2005,21(6).

[61] 梁晶. 韩国对华直接投资对中韩贸易及中韩 FTA 的影响[D]. 南京:东南大学,2006.

[62] 谢锐,肖皓,赖明勇. ECFA 的建立与海峡两岸垂直分工模式[J]. 世界经济研究,2012(6).

[63] 赵亮,穆月英. 东亚 FTA 的关税效应对我国农业影响的研究——基于

CGE模型的分析[J].国际经贸探索,2013(7).

[64] 姜悦,黄繁华.中瑞和中澳自贸区经济效应及比较[J].世界经济与政治论坛,2017(4).

[65] 彭支伟,张伯伟.中日韩自由贸易区的经济效应及推进路径——基于SMART的模拟分析[J].世界经济研究,2012(12).

[66] 余振,陈继勇,邱珊.中国—俄罗斯FTA的贸易、关税及福利效应——基于WITS-SMART的模拟分析[J].华东经济管理,2014(6).

[67] 杜威剑,李梦洁.中日韩自由贸易区建立的经济影响——基于局部均衡模型的分析[J].国际经贸探索,2015(3).

[68] 刁莉,史欣欣,罗培.中俄蒙经济的发展与自由贸易区的推进——基于SMART模型的实证分析[J].清华大学学报(哲学社会科学版),2016(6).

[69] 杨励,吴娜妹.中澳FTA下关税削减对乳制品的经济效应分析——基于SMART模型[J].国际经贸探索,2016(9).

[70] 石峡,李小红,罗林敏.基于贸易关联性的中、韩自由贸易区可行性分析[J].特区经济,2007(11).

[71] 金永久.中韩贸易结构分析[D].长春:吉林大学,2010.

[72] 白贵玉.中韩贸易商品结构存在的问题分析[D].贵州财经大学,2012.

[73] 汪斌.中韩贸易中工业制品的比较优势及国际分工类型分析[J].财经论丛(浙江财经学院学报),2006(01).

[74] 孙莉莉,张曙霄.中韩双边服务贸易结构研究[J].东北师大学报(哲学社会科学版),2011(05).

[75] 谭晶荣.中日韩三国服务贸易的比较研究[J].国际贸易问题,2006(07).

[76] 周启良,湛柏明.中韩两国服务贸易国际竞争力的比较研究[J].亚太经济,2013(03).

[77] 陈巧慧,戴庆玲.中国与日韩服务业产业内贸易水平分析[J].国际贸易问题,2014(05).

[78] 李晓峰,张巍.建立中韩自由贸易区——解决中韩贸易摩擦问题的有效途径[J].国际贸易,2006(8).

[79] 李明艳.双边自由贸易区发展的成功关键因素研究[D].南京:东南大学,2006.

[80]赵放,李季.中韩双边产业内贸易实证分析[J].国际贸易探索,2010(3).

[81]卢海涛,陈为国.构建中韩自由贸易区,促进东亚经济一体化[J].经济研究导刊,2007(02).

[82]刘赛力.孕育中的中韩自由贸易区[J].国际问题研究,2008年(1).

[83]李准晔,金洪起.中韩贸易结构分析[J].中国工业经济,2002(2).

[84]秦熠群,金哲松.中韩产业内贸易结构实证分析[J].中央财经大学学报,2005(3).

[85]阴之春.中韩贸易结构分析[J].求是学刊,2006(3).

[86]李季.中韩机电产品产业内贸易实证研究[J].国际贸易问题,2010(6).

[87]李海莲,张楚翘.中韩、中日工业制成品产业内贸易特征及影响要素的比较研究[J].东北亚经济研究,2017,1(03).

[88]李盾.中韩产业内贸易的实证分析——以工业制成品贸易为例[J].国际贸易问题,2007(04).

[89]蓝庆新,郑学党.中韩产业内贸易的实证分析与促进策略[J].国际经贸探索,2011,27(02).

[90]汪素芹.中韩贸易发展的主要障碍与合作途径[J].世界经济研究,2003(06).

[91]刘翔峰.建立中韩自由贸易区的必要性及前景分析[J].当代亚太,2005(04).

[92]沈铭辉.中日韩自由贸易区的经济学分析[J].国际经济合作,2011(03).

[93]王厚双,齐朝顺.中韩FTA的经济政治影响分析[J].东北亚研究论丛,2015(01).

[94]胡渊,杨勇.多边化区域主义背景下中韩自贸区前景分析[J].亚太经济,2014(2).

[95]宋志勇.中韩FTA对东亚区域格局的影响分析[J].东北亚论坛,2015(1).

[96]沈铭辉,李天国.韩国对外贸易战略与FTA政策的演变[J].亚太经济,2017(2).

[97]黄鹏,汪建新.中韩FTA的效应及谈判可选方案——基于GTAP模型的分析[J].世界经济研究,2010(06).

[98]赵亮,陈淑梅.经济增长的"自贸区驱动"——基于中韩自贸区、中日韩自

贸区与 RCEP 的比较研究[J].经济评论,2015(1).

[99]廖战海,曹亮,张亮.中韩 FTA 对两国贸易结构的影响研究[J].宏观经济研究,2016(08).

[100]刘斌,庞超然.中韩自贸区的经济效应研究与对策分析——基于 GTAP 模型的模拟[J].经济评论,2016(5).

[101]李晓峰,桂嘉越.中韩自由贸易区建立对两国贸易影响的实证分析[J].国际贸易探索,2009(5).

[102]王琳.中韩自由贸易协定经济效应的再分析—基于 GTAP 模型研究[J].区域经济合作,2013(193).

[103]刘朋春.双边 FTA 是否会成为中日韩自由贸易区的"垫脚石"?——中日韩自由贸易区建设路径的 GTAP 模拟分析[J].现代日本经济,2015(1).

[104]李杨,冯伟杰,黄艳希.中韩自由贸易协定的影响效应研究[J].东北亚论坛,2015(6).

[105]周曙东,肖宵,杨军.中韩自贸区建立对两国主要产业的经济影响分析——基于中韩自由贸易协定的关税减让方案[J]国际贸易问题,2016(5).

[106]吕波.中韩 FTA 建立的经济效应和结构影响分析——基于 GTAP 模型的研究[D].大连:东北财经大学硕士学位论文,2016.

[107]陈继勇,余自强.中韩自贸协定对两国 GDP 经济效应的影响[J].财经科学,2017(10).

[108]钱进,王庭东.中日韩自贸区对区域宏观经济及产业产出的影响评估——基于 GTAP 模型的模拟分析[J].现代日本经济,2017(3).

[109]匡增杰.中日韩自贸区的贸易效应研究[D].上海:上海社会科学院博士学位论文,2014.

[110]朴英爱,刘志刚.韩国自由贸易协定中的环境条款分析[J].经济纵横,2015(5).

[111]张双.《中国—韩国自由贸易协定》中的服务贸易规则研究[D].长春:吉林大学硕士学位论文,2017.

[112]孙蕊,齐俊妍.《中韩自贸协定》中方服务贸易减让表评估——基于五级分类频度法和 STRI 指数方法[J].中国经济问题,2017(3).

[113]张曙霄.中国对外贸易结构论[M].北京:经济科学出版社,2003.

[114]周茂荣,杜莉.中国与美国货物贸易互补性的实证研究[J].世界经济研究,2006(09)2.

[115]陈晓艳,朱晶.中印农产品出口竞争关系分析[J].世界经济研究,2006(04).

[116]张曙霄等.中国对外贸易结构新论[M].北京:经济科学出版社,2009.

[117]李俊.产业内贸易指数及其优化[J].广东商学院学报,2000(3).

[118]黄建忠,袁珊.大陆与台湾服务贸易自由化评估——基于两岸加入WTO与ECFA框架下服务贸易开放承诺的比较[J]亚太经济,2011(4).

[119]丘东晓.自由贸易协定理论与实证研究综述[J].经济研究,2011(9).

[120]小岛清.对外贸易论[M].天津:南天大学出版社,19872.

[121]刘洪铎,李文宇,陈和.文化交融如何影响中国与"一带一路"沿线国家的双边贸易往来——基于1995—2013年微观贸易数据的实证检验[J].国际贸易问题,2016(2)

[122]周升起,付华.贸易便利化与中国出口贸易:基于改进"引力模型"的分析[J].商业研究,2014(11).

[123]罗伯特·C·芬斯特拉.高级国际贸易:理论与实证[M].北京,中国人民大学出版社,2013.

[124]林发勤.贸易中的引力模型:理论基础与实证应用[M].北京:经济科学出版社,2016(2).

[125]林僖,鲍晓华.区域服务贸易协定如何影响服务贸易流量?——基于增加值贸易的研究视角[J].经济研究,2018,53(01).

[126]陈林,伍海军.国内双重差分法的研究现状与潜在问题[J].数量经济技术经济研究,2015,32(07).